石油资源型城市转型发展研究

——克拉玛依可持续发展之路探索

宋迎昌　王建武　张友志　等编著

中国环境科学出版社 · 北京

图书在版编目（CIP）数据

石油资源型城市转型发展研究：克拉玛依可持续发展之路探索/宋迎昌，王建武，张友志编著. —北京：中国环境科学出版社，2011.11

ISBN 978-7-5111-0743-5

Ⅰ. ①石… Ⅱ. ①宋…②王…③张… Ⅲ. ①经济可持续发展—研究—克拉玛依市 Ⅳ. ①F127.453

中国版本图书馆 CIP 数据核字（2011）第 208275 号

责任编辑 黄晓燕
文字编辑 刘 杨
责任校对 扣志红
封面设计 玄石至上

出版发行 中国环境科学出版社
（100062 北京东城区广渠门内大街 16 号）
网 址：http://www.cesp.com.cn
联系电话：010-67112735
发行热线：010-67125803，010-67113405（传真）

印 刷 北京市联华印刷厂
经 销 各地新华书店
版 次 2011 年 11 月第 1 版
印 次 2011 年 11 月第 1 次印刷
开 本 880×1230 1/32
印 张 6.75
字 数 178 千字
定 价 33.00 元

前　言

石油资源型城市是因石油开采而兴起的，这类城市面临的共同问题：一是资源开采不可持续；二是产业结构单一；三是城市经济受国际油价波动影响大；四是环境保护难度大；五是城市基础设施建设滞后；六是城市社会问题较多。石油资源型城市转型发展是石油资源型城市着力破解的难题，也是城市领域专家学者研究的重要课题。石油资源的有限性决定了建立在石油资源开采和加工基础上的石油资源型城市发展具有不可持续性。国内外众多的石油资源型城市都在探索各自的可持续发展道路，总结出了许多值得借鉴的经验与教训。克拉玛依是新中国石油工业的起始地和奠基地，为新中国石油工业发展做出了突出的贡献。目前，正处于转型发展的关键时期，迫切需要找出一条符合自身资源环境特点的可持续发展之路。

本书是中国社会科学院城市发展与环境研究所所长助理宋迎昌研究员领衔的研究团队对克拉玛依可持续发展战略研究的最新成果。该研究在系统梳理国内外石油资源型城市转型发展案例的基础上，构建了符合克拉玛依市情的可持续发展指标体系，对其可持续发展能力进行了初步测评，最后提出了克拉玛依可持续发展的总体战略和保障措施。全书共分五章，其中第一章由于怡鑫撰写，第二章由胡翠玲撰写，第三、四章由王建武撰写，第五章由宋迎昌、张友志撰写。

由于作者水平有限，研究工作不够深入细致，对克拉玛依市情的了解可能存在偏差，书中一定存在这样或那样的缺陷，敬请读者批评指正！

宋迎昌　王建武

2011 年 11 月 14 日

目　录

第一章
国外石油资源型城市转型发展研究

第一节　石油资源型城市的内涵及其发展面临的挑战

一、石油资源型城市的内涵

石油资源型城市是指拥有丰富的石油资源，依托资源开发而发展起来的城市，其主导产业是依赖不可再生资源（石油）的采掘业。这类城市 40%以上的劳动人口以直接或间接方式从事石油资源的开发、生产和经营活动，50%以上的收入靠石油资源获得。[①]

石油资源型城市的典型特征是，城市因石油的开采而兴起，其兴衰也往往与石油可开采储量和石油产业在经济结构提升过程中的市场竞争地位密切相关。这类城市的发展较多地受资源基础、开发规模、管理体制、产业结构和市场流通等因素的制约，它对石油资源有很强的依赖性。

二、石油资源型城市发展面临的挑战

世界知名油城众多，由于地理位置、政治文化、发展阶段等方面的差异，它们之间有许多不同之处，但也有着很多共同的特点。

① 刘金友：《石油城市的特点及其可持续发展中面临的主要问题》，《工业技术经济》，2002 年第 5 期，p14-15。

一是出现资源枯竭，矿产资源经长期开采储量大大递减、质量也大大降低。从全球石油城市来看，石油资源的不断递减是必然和客观事实。石油城市的经济主要是依靠石油资源的开发，石油和天然气开采占全市工业总产值和增加值的很大比重，例如我国大庆两项指标分别占到 70%和 87%左右，因此，石油资源的递减是石油城市实现可持续发展所面临的严峻问题。

二是结构失衡，产业单一。石油城市的结构失衡突出表现为产业结构的过于单一。石油城市是因油而建和因油而兴的。因此，它从建立之日起就与石油资源形成了密不可分的关系。但是石油资源是不可再生的和有限的。就全球而言，按现在探明的世界储量推算，石油还可用 46 年，天然气还可用 33 年。绝大多数的石油城市都存在着产业结构单一的问题，基本上是以石油开采和石油化工为主体，第三产业相当薄弱。这些城市一旦石油和天然气资源锐减到一定程度，而新的替代产业很不理想，经济和社会问题都会相继出现，到那时城市不仅不能发展，还可能会油尽城衰，甚至是油尽城亡。

三是整个城市的发展受国际油价影响严重。除了石油资源储藏和开采量之外，国际市场石油价格的变动也深深影响着石油资源型城市的兴衰。当油价上升时，该城市也会随之蓬勃兴盛；相反，若油价下滑、石油业衰退，石油城市则会面临经济萎缩、人员失业等各种经济社会问题。可见，以石油业为绝对主导产业的资源型城市，从生产的角度讲，产量依靠本地区资源储备量；从销售的角度看，收入依赖于国际市场的价格变动。完全受制于资源基础条件和外部市场价格因素导致石油资源型城市无法形成一个独立自主、健康良好的经济发展环境。

四是环保难度较大，影响石油城市的可持续发展。有石油和天然气产生的地方，大多数自然环境都不好，不是沼泽就是碱地，再者就是荒漠戈壁地区。加之以前人们的环境意识不强，在打井勘探、采油采气的过程中，环境破坏比较严重。有的石油城市，草原退化、碱化和沙化严重，工业污水处理率较低，城市地表水污染较重，地下水由于严重超采，出现了水量不足的问题。在 2008 年福布斯公布的全世界最脏的十大城市排行榜上，"油城"巴库居首位。散发着恶臭的水源、被石油污染的池塘以及由于钻探和航运引起的威胁生命的空气污染导致这个前苏联制造中心成为榜单中全球最脏的城市。

五是城市基础设施较差，社会问题较多。石油资源型城市基本上都是先开采了石油而后建的城市。一些石油资源型城市在石油资源开采的初期，并没有建城的打算，因此，当时的一切设施都是围绕企业的生产、经营设计的。按照企业模式建设的设施与城市的设施要求相差甚远，因而在此基础上建立的城市，其城市设施几乎是一片空白。虽然有的是在石油资源开采时就计划建立城市，但由于石油资源开采紧张，生产任务繁忙，很难抽出更多时间谋划整个城市建设。同时，由于城市建设服从石油资源开发，有些石油开采的战场又很难固定不变，这样，即使规划了或者已经建好的城市设施，有时也要改变，直到拆除，致使有的石油城市出现设施布局极端分散的状况。

石油城市经济对石油资源过度依赖，而石油资源又是不可再生的，同时石油产量的减少也是不可逆转的。由于资源产业与资源型城市发展的规律，石油资源型城市必然要经历建设—繁荣—衰退—转型—振兴或消亡的过程。因此，如何寻找新出路实现可持续发展成为石油城市不可回避的问题。

第二节　国外石油资源型城市转型案例研究

对于石油资源型城市转型这一世界性的难题，国外知名石油城市转型的经验与教训值得我们参考借鉴。

一、阿拉伯国家迪拜酋长国转型的经验与教训

海湾地区国家的经济和社会有着许多共同的特征。从整体看来，经济结构单一，主要以石油为主，普遍存在本国国民失业率高

的现象。而石油资源不可再生的特性意味着现在用得越多，将来可用得就越少。除非该国拥有足够的财政储备，否则在资源耗尽之后，该国政府难以确保持续的高生活水平。联合国 2001 年的一份报告指出，从长远看，建立在石油下游工业、天然气加工和能源集中型工业基础上的海合会经济模式是不可持续的。

自 20 世纪 80 年代末以来，随着石油资源的迅速萎缩，阿联酋迪拜开始积极实行经济多元化战略。同时迪拜作为阿联酋七个酋长国之一，与阿联酋首都所在的阿布扎比酋长国不同，迪拜没有丰厚的石油储藏。尽管阿联酋是全球主要石油生产国，但迪拜作为阿联酋联邦中的一员，只占其约 2%的石油资源，而且这些石油资源到 2010 年枯竭。考虑到自身并没有太丰富的自然景观和历史名胜，迪拜转向服务业，主要是走高借贷开发房地产业和旅游业的道路。而会展经济可以带动与之相关的旅游业、酒店业、金融业及房地产业等第三产业全面发展，所以发展国际会展业成为了迪拜经济转型的重要选择，并实现了令人瞩目的跨越式发展。

该城市实现了从石油经济转型到以贸易、航运、旅游、金融、服务和信息产业为中心的服务型经济。它设立了一系列具有各种特殊功能的自由贸易区，包括杰布阿里口贸易区、迪拜网络城和迪拜媒体城等，迪拜国际金融中心和迪拜黄金及钻石工业园等。迪拜经济多元化的成果，甚至高于转型经济发展最好的挪威和加拿大。究其原因，其有限的石油资源无法满足经济快速发展的要求，促使迪拜加速经济多元化。

迪拜在短短的几年内创造了许多“世界之最”，例如，世界上唯一的七星级酒店阿拉伯塔、世界最高建筑迪拜塔，还有棕榈岛、世界地图岛、世贸中心等。而在金融危机席卷全球的情况下，迪拜仍在大张旗鼓地进行房地产开发，并且曾经宣布要再建一座全球最高的摩天大楼。迪拜快速聚集巨额资金，打造超奢华的房地产业和旅游业、发展会展业的做法，曾经被称为“迪拜模式”，引起了许多经济学家的研究，一些学者甚至提出，“迪拜模式”是新兴经济体的又一成功的范例。迪拜酋长谢赫•穆罕默德也曾经建议其他阿拉伯国家仿效迪拜的发展模式。

全球金融危机刚露头时，海湾地区受影响相对较小，迪拜作为海湾金融中心和新兴经济体，更是成为全球资金的“避风港”和“吸金库”。但在地产兴盛的四五年间，迪拜当局及其控股公司累积的债务也攀升至 800 亿美元。随着金融危机深化，迪拜成为海湾地区受创最深的牺牲品，许多工程因资金困难停工，大批外籍劳工返乡。2009 年 11 月 26 日，迪拜宣布将重组其最大的企业实体迪拜世界，并将把迪拜世界债务偿还暂停 6 个月。这相当于一个主权基金的公然违约行为。这是自 2001 年阿根廷违约以来，全球最大主权基金违约事件。迪拜世界的困境，宣告了“迪拜模式”的破灭。

“迪拜模式”的倒下，有着深层的原因。其一，过度依赖房地产业的发展。迪拜全国（迪拜酋长国）人口只有 120 万左右，而外来人口就占了 85%。本地人对房地产的需要规模相当小，大量依赖外国人的购买。一旦全球经济出现问题，外国人对迪拜房地产需求大幅萎缩，迪拜这种建立在非刚性需求的房地产业也就成了无源之水。其二，超偿付能力地依赖外资。据报道，2006 年迪拜的国内生产总值为 460 亿美元，而迪拜的负债却达到了 800 亿美元。其中，迪拜主权基金迪拜世界的负债总额达到 476.16 亿美元，也就是说，仅迪拜世界目前的公开债务就是迪拜 2006 年 GDP 的 1.03 倍。其三，忧患意识明显不足。2007 年美国金融危机暴发后，迅速演变为全球金融危机和经济危机，全球大部分国家都纷纷采取措施以应对危机，但迪拜却为近几年的经济高速增长所陶醉，没有及时意识到国际金融环境的变化将对严重依赖外国资本和外国需求的迪拜产生重大影响，没有及时做好防范措施，反而在 2009 年继续加大房地产业开发，甚至提出要再建全球最高的新的摩天大楼。

迪拜的规模以及影响力有限，这一危机对全球经济复苏而言，只不过是复苏进程中的一个不大不小的波澜而已，对全球金融市场的影响也将是短暂的。但是，迪拜这种以房地产业和金融业两大虚拟经济领跑，追求短期急速收益的模式，最终不可避免地吞下泡沫破灭的苦果，其教训对于新兴经济体，尤其是资源型城市经济转型期而言，必须引以为戒。

二、美国休斯敦转型成功的经验分析

（一）休斯敦资源、环境和经济状况

休斯敦市创立于 1836 年，是美国第四大城市。它位于得克萨斯州东南的墨西哥湾畔，下属 10 个县，地势平坦，腹地广阔，陆上交通便利。休斯敦地区面积为 8 778.31 平方英里①，人口 600 多万。1913 年休斯敦建立了人工港口，是仅次于纽约的美国第二大贸易港。休斯敦号称世界能源之都，是世界著名的太空城，同时也是美国南部地区最大的国际空港，以及美国石油和石化工业的中心，能源、航空航天、医药、电子信息等产业发达。2008 年地区生产总值达 4 350 多亿美元，比 2007 年增长 12.3%。按不变价格计算，休斯敦的地区生产总值（Gross Area Product，GAP）增加 4.4%。

自 1901 年休斯敦地区发现石油后，能源一直是该地区经济的主要动力，促进了该市的扩大和繁荣。然而不可再生资源会在不断开采中逐渐减少。休斯敦在其 170 多年的发展过程中也同样遇到了这样的问题，但是该市及时调整战略策略和产业规划，改变了单纯依赖石油工业的局面，走上了产业多元化的道路。如今的休斯敦不仅保持着传统的能源中心的地位，而且还在多个方面发展出具有该市特色的强势产业。如图 1-1 所示，2008 年该地区生产总值中采矿业贡献近 1/4；服务业、制造业以及金融保险业已经成长为支柱产业。

① 1 平方英里=2.589 988 11km^2。

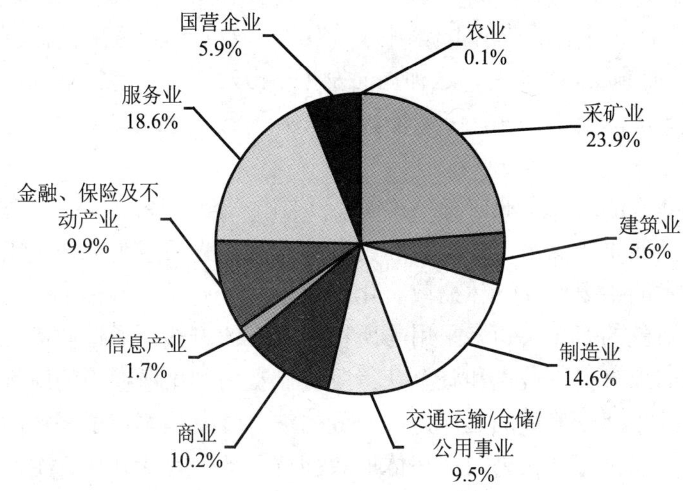

图 1-1　2008 年休斯敦地区生产总值构成

资料来源：The Perryman Group，Spring/Summer 2009

（http：//www.houston.org/facts-figures/index.html）

注：采矿业，在休斯敦几乎专指石油和天然气的勘探和生产。

（二）休斯敦转型的经验分析

休斯敦是世界石油城市成功转型的典范，其可持续发展不仅因为本身所具备的先天地理和资源优势，同样也得益于该市各方力量的共同努力，一些思路和做法非常值得我们学习和借鉴。

1. 延伸和扩展石油产业链

长期以来休斯敦对上游能源业务（包括勘探生产、油田设备制造和批发以及管道运输）高度依赖。20 世纪 80 年代中期，由于世界石油价格的暴跌和石化行业的萧条，休斯敦的经济遭受严重打击，大批工厂倒闭，工人失业，技术人才外流。这场危机使休斯敦经济结构缺陷充分暴露。于是该市开始向下游能源业（冶炼和化工）以及能源相关产业扩展，以实现产业多元化。高科技在石油行业得到普遍运用，生产成本降低、勘探准确率提高，从而增强了企业竞争力和抗风险能力。1981 年时，上游能源业在就业市场所占比例为 68.7%，而下游能源业所占比例为 15.6%，多元化业务所占比例为 15.7%。而到 2004 年时，这种局面发生了改观，上游能源业在就业市场的比例降至 31.4%，下游能源业比例升至 17%，多元化业务比例提高近 3 倍，至 51.6%。

休斯敦的石油工业向海外扩展，日益融入全球经济。拉丁美洲、中东、墨西哥湾深水区、北海和黄海等地区，先后成为休斯敦出口石油技术的主要对象。休斯敦石化工业采取了向海外转移生产的战略，休斯敦的石化公司多采用与所在国合资的方式，通过向第三世界国家的项目提供技术和资金获得股份，从而利用所在国的廉价原料。能源行业价值链的延伸为休斯敦的进一步发展奠定了坚实的基础。美国能源行业大公司都在休斯敦拥有业务，包括开采、生产、油田服务、油田开发等。休斯敦地区容纳了约 3 600 家能源相关企业，包括 600 家开采和生产企业，以及 170 家管道公司。

经过调整和发展，休斯敦的化工行业逐渐居于世界领先地位，拥有全美 40%的基础化学产能。Houston-Baytown-Huntsville 地区拥有 405 家化学工厂，吸纳就业 3.6 万人。由于拥有全世界最精密的管道网络等广泛的基础设施，休斯敦成为化工衍生品和特种化学品的关键生产中心。几乎所有的大型化学公司都在休斯敦附近设厂，其中包括巴斯夫、拜耳、雪佛龙菲利普斯、杜邦、埃克森美孚化工等。

2. 抓住机遇，力争政府资助的大项目，以点带面发展高科技产业

在产业结构的调整中，休斯敦千方百计争取获得政府资助的大项目。1961 年休斯敦在与其他 20 多个城市的竞争中获胜，成为美国国家航空航天局（NASA）航天中心（Johnson Space Center）所在地。该中心占地 1 620 英亩①，现有约 1.7 万名工程师、科学家及行政工作人员。航天中心的落户使休斯敦不断获得联邦的国防开

① 1 英亩=4 046.856 4m^2。

支，年经费预算达 40 亿美元。另外，在 NASA 的推动下，孵化出约 1 200 家小型高科技公司。

休斯敦同时还是美国第一大医疗中心。20 世纪 60 年代休斯敦建立了得克萨斯医学中心，集健康教育、研究和治疗为一身。在 80 年代早期，医学中心对休斯敦的经济影响甚至超过宇航业。此后，医学中心逐渐重视由研究到技术的市场推广。

在太阳能方面，休斯敦的 Rice 大学获得了美国能源部的一个太阳能项目。2008 年，美国能源部认可休斯敦为美国太阳能城市，向该市提供资金用于该地区太阳能基础设施策略和计划的研究。而 BP 公司将提供太阳能板以满足该计划的部分要求。在混合动力方面，休斯敦市市长 Bill White 2005 年提出将该市大量汽车、卡车和运动车转为混合动力车。到 2008 年 7 月，该市有 500 辆混合动力车，预计到 2010 年其规模将扩大到 1 500 辆。

休斯敦如今是一个高科技中心，拥有良好的高科技基础设施。其大部分高科技与能源勘探生产以及相关制造行业有关，其软件业也侧重于能源、医疗和航空方面。

3. 利用区位和交通优势，全面发展物流业，助力经济增长

休斯敦市具有先天地理优势，同时又拥有发达的管道系统和交通系统，这使其成为重要交通枢纽。发达的交通系统为经济发展提供了巨大便利条件。

休斯敦是世界第六大港口。该港口的外贸吞吐量居全美之首，其总吨位居第二，外贸规模超过 1 030 亿美元。长达 52 英里[①]的休斯敦航道（Houston Ship Channel）使休斯敦与全球市场相连。2003 年逾 6 300 艘轮船抵达该港，进出货轮规模 1.9 亿 t。该港主要商品贸易包括化工产品、机械、汽车和钢铁。

休斯敦是美国最为繁忙的铁路中心之一，有 14 条干线向外辐射，每年有 700 000 趟列车进出。铁路线将休斯敦港与美国大陆和加拿大及墨西哥联系起来。该市的铁路系统除了与三大机场、休斯

① 1 英里=1.609 344 km。

敦港口和本地公路系统相连之外，还通过六个联合运输站与该市的卡车运输系统相连。该地区 10 个县拥有 739.3 英里高速公路，1 100 家卡车公司每天忙于运输。

休斯敦还是国际著名的航空港。其航空系统在全美排名第四，旅客运输量居世界第六，拥有 120 条国内航线。该市拥有三大机场，其中乔治布什洲际机场是全美第 11 大货运机场，2004 年运输规模为 35.5 万 t。William P. Hobby 机场是该市主要的国内客运机场。

4. 发展高端服务业，使第三产业成为重要的经济增长点

第三产业在促进休斯敦迈向国际性大都市过程中起到了日益重要的作用。特别是 20 世纪 80 年代后，第三产业的劳动就业比例上升，增加值占地区总产值 50%以上，其中商业和金融业最为突出。从商业方面看，1976—1981 年休斯敦的零售业和批发业销售额增长一倍以上，居全国大都市首位。休斯敦作为美国四大金融中心之一，其金融服务业是经济中的重要组成部分。多家大型金融公司的总部设在该市，其中包括保险公司 American National Insurance Co.、地产公司 Century Development 以及 AIG Retirement Services。另外，该市的计算机软件、电子、工程和纳米技术行业也表现十分突出。

5. 联邦政府长期全方位支持

从基础设施建设到兴建化工企业和石油管道公司所需的资金以及石油行业竞争相关规定，联邦政府对休斯敦的发展予以了全方位的支持。基础设施方面，在 20 世纪 30 年代大萧条时期 Reconstruction Finance Corporation（美国为应对大萧条而设立的金融公司）、国家复兴署（National Recovery Administration）和 Public Works Administration 等机构纷纷将资金投向休斯敦，用于商业重建以及一些主要公共建筑、铁路以及其他公共设施的建设。1934 年，Public Works Administration 向哈里斯县（休斯敦是哈里斯县县政府所在地）提供了 65.3 万美元用于铁路和排水项目建设。而美国邮政也将一个重大的邮政局项目设在该市。政府还提供了数百万美元用于改善休斯敦的航运通道。1932—1941 年，休斯敦兴建了大量基础设施，其中有大量资金来源于联邦政府。

在石油行业方面，20 世纪 30—40 年代石油行业的快速发展使休斯敦的石油公司面临着与其他地方石油公司的激烈竞争。油价一度降至很低的水平，而与此同时大量石油以非常规的速度开采出来。联邦政府因此对得克萨斯州东部的油田采取了配额生产办法。1933 年罗斯福总统发布命令，对那些违反配额规定开采的石油实施禁运。该措施的实施，连同政府对于石油生产配额办法的支持，在 30—70 年代对石化产业形成了保护。1959 年美国总统艾森豪威尔实施石油进口配额政策，规定进口石油不得超过国内石油产量的 12%。该政策推动了石油价格的上涨，美国消费者在之后的十年间因此而多花费了大约 500 亿美元。

在提供石油相关开发资金方面，20 世纪 40 年代，联邦政府成为石油相关开发资金的主要来源。数亿美元资金投向了墨西哥湾沿岸的私营及公私合营的石油相关企业。这些资金涌向了休斯敦的石化行业、航空燃料和合成橡胶行业。五家在得克萨斯州东南部拥有炼油业务的石油公司Mobil、ARCO、Gulf、Texaco和Pure Oil成立了一家不营利的合资公司生产丁烯（用于生产合成橡胶）。相关工厂由这家合资公司运营，但由联邦政府买单，为其提供化工研发方面的主要资金，此举促进了战后化工行业的发展。

在提供油气分销便利方面，为方便油气分销活动，联邦政府进行了管道运输投资。20 世纪 40 年代初期，罗斯福政府修建了两条大型的石油管道，一条名为“Big Inch”，另一条名为“Little Inch”，上述管道可将油品从得克萨斯州输送到美国东海岸，此举花费了政府 1.42 亿美元。

在帮助解决快速发展过程中的问题方面，市政府也花费了必要的支出。休斯敦在多年的快速发展过程中也付出了相当大的社会代价，尤其是到了 70 年代。当时城市污水排放不达标；城市地面下降，部分中心城区二战后下沉了 3～5 英尺[①]。空气污染和有害污染物渗入水系的问题尤其严重。交通也一度不堪重负。为了解决这些

① 1 英尺=0.304 8 m。

问题，70 年代美国政府又大幅增加开支予以帮助。

6. 吸引外来投资，为企业提供良好投资环境

休斯敦市为了吸引外来投资，本市和州政府都采取了相应的激励措施。休斯敦市为新的企业投资提供四种减税方案。得克萨斯州也提供了多种激励方案吸引新的企业公司，鼓励企业扩大业务。《Texas Economic Development Act of 2001》提供八年的地产减税政策鼓励大型制造、研发和可再生能源项目。对于那些持有贬值地产或者坐落于特殊区域，例如再投资区域的公司给予其他方面的地产税收优惠。

休斯敦具有良好的商业环境，该地区是很多大公司的所在地。2008 年《财富》500 强企业中有 26 家企业的总部设在休斯敦。2007 年《财富》100 家增长最快的企业中有 19 家总部设在该市。全球 100 家最大的总部不在美国的企业中，至少有 51 家在休斯敦拥有非零售业务。这些企业总部的存在使该市发挥出辐射作用。

休斯敦具有良好的人力资源环境。该市拥有 270 万以上的劳动力，可满足企业的用人需求。据 Sales & Marketing Management's 2003 Survey of Buying Power 调查显示，该市工人的年龄中值为 33 岁，而美国全国的中值为 36 岁。而且这些劳动力多为熟练劳动力，具有良好的教育水平。

该市生活成本较美国其他大城市要低。得克萨斯州和下面的地方政府不征收公司和个人所得税。2004 年，该市生活成本较全国平均水平低 24%，较美国大城市平均水平低 45%，该市地产成本较低。2008 年第一季度其 A 级办公场所的租金水平相当于每年每平方英尺[①]31.78 美元，而纽约为 90.20 美元；工业场所租金相当于每年每平方英尺 4.87 美元。在该市现有的基础设施中，有大量的发展空间。在其商业出租场所中，有 13.9%目前可供未来更多公司搬迁至此或者扩展业务或者让新企业拥有一席之地。在劳资关系方面，该市强调雇主的权利。

① 1 平方英尺=0.092 903 04 m^2。

总之，休斯敦的管理者把城市经济和各项事业的发展放在首要位置。他们通过为企业提供服务和种种优惠措施，如土地、基建、经营费用价格低廉等，以求保持城市长久繁荣。与此同时，休斯敦市通过征收销售税和制定有约束力的土地规划法等措施，大力改善城市交通和环境状况。20 世纪 90 年代初休斯敦还被评为全美 30 个大城市中减少交通堵塞成绩最佳的城市。在美国 300 个城市的清洁、环保和美化评比中，休斯敦名列第一，并获得“废物处理业的硅谷”称号。

三、阿塞拜疆共和国油城巴库转型前景未明朗

（一）巴库的基本状况

1. 地理环境状况

巴库（Baku），阿塞拜疆共和国首都，重要港口，也是前苏联外高加索地区最大城市。它位于里海西岸阿普歇伦半岛南部，三面环山（图 1-2）。其面积约 2 200 km^2，人口 300 万。巴库夏季干热，冬季湿冷。1 月平均气温为 4℃，7 月平均气温为 27.3℃。由于所处的地理位置特殊，巴库城内四季海风不断，海边的一些树木顺风势而长，斜树成为巴库一道独特的风景线，因此该城也有“风城”的别称。

2. 经济资源状况

里海底下蕴藏着丰富的“黑金”，它作为世界第三大油气资源区，据估计石油蕴藏量在 1 000 亿桶以上，占全球未开发原油量的 8%还多。因此也被人称为“第二个波斯湾”。巴库作为里海最大的港口城市，坐拥地下巨量的石油资源，因而其经济一直被石油所主导。以巴库为中心的阿普歇伦半岛及其附近海底成为闻名世界的产油区，已经有 100 多年的历史。8 世纪时，就已探明这一地区蕴藏有丰富的石油，9—10 世纪时开始开采石油，12—15 世纪这里的石油运往东方各国。19 世纪 70 年代开始工业性采油，19 世纪末成为外高加索工业中心和举世闻名的石油基地，世界一半以上的石油是

图 1-2　巴库地理位置图

这里供给的。20 世纪初，巴库油田曾是世界上产量最高的油田。巴库拥有 22 大炼油基地，石油工业发达，是炼油、石油化工及石油机械制造业中心。如今巴库陆地的浅层石油早已被采尽，只有钻得很深才能打出一口井，这里石油工业的未来发展远景已经从陆地逐步向里海大陆架转移。随着 20 世纪末里海石油“二次开发”浪潮的到来，大批外国石油公司进驻巴库，给这座城市注入了新的活力。整个社会与石油紧紧地联系在一起，几乎每个家庭都在从事着与石油有关的工作。除了以石油、天然气开采和石油加工为主要工业外，巴库还有石油机械、电力、轻工和食品工业。

同时，巴库作为一座有着悠久历史的古城，古老宫殿和清真寺等名胜古迹众多。有建于 11 世纪的瑟纳克-卡尔清真寺塔，建于 12 世纪的“处女塔”和克孜卡拉瑟塔楼，建于 15 世纪的希尔凡王宫等。

巴库是外高加索地区主要铁路枢纽，多条铁路干线汇集于此。巴库是里海航运中心，作为港口，可停泊中等吨位船舶，年吞吐量达 1 800 万 t。巴库市内建有地铁，有阿塞拜疆科学学院、阿塞拜疆大学、石油化工学院等多所高等院校。

（二）巴库石油产业发展的经验教训

1. 巴库石油业发展历程

20 世纪初，巴库还是一座落后的城市，城里没有树木，满街烟尘滚滚。俄国十月革命以后，随着里海石油的大规模勘探开发，巴库的城市面貌焕然一新，逐渐建设成为一座高楼林立、绿树成荫的现代化城市。1940 年，巴库的石油生产达到高峰，其产量占当时苏联总产量的 71.5%。此后，由于过度开采，巴库原油产量开始下滑，但直到 1950 年它仍然是苏联的第一大油田，石油产量占苏联总产量的 39.2%。50 年代后，石油储量日益衰减，原油产量在累计开采 12 亿 t 之后走向衰退，生产形势急转直下。1955 年原油产量占全苏联的比重降为 15%。1970 年跌至 5%左右，到 80 年代，其所占比重不到 2%。到 90 年代，巴库陆地油层开采殆尽，不得不向里海近海发展。

自 1997 年以来，由于美、英等国与阿塞拜疆相继签订旨在开采里海石油的数个“世纪合同”，数百亿美元的石油资本源源注入，使巴库的石油产量开始回升，到 1999 年石油产量超过了 1991 年时的水平。2000 年，巴库石油产量 1 390 万 t；2005 年巴库石油总产量达 2 221 万 t，比上年增长 42.9%；石油出口总计 1 331 万 t，比上年增长 50.3%。2007 年石油产量达到 4 000 万～4 500 万 t。随着里海地区石油勘探开发不断有新的进展，巴库的发展重现生机和活力。

作为一座资源依赖型城市，石油的开采、石油产业的发展直接牵动着巴库城的兴衰，直接关系到巴库居民的生活状况。在依托石油资源吸引大量资本注入后，石油带动了相关产业和整个城市的繁荣。但过度、无限制地开采使巴库在 20 世纪 50 年代以后石油储量急剧下降，整个城市的经济发展陷入停滞状态。也正因为这样，当时我国国内对油城巴库负面报道较多，经常把它作为经济结构单

一、资源型城市转型失败的案例来分析。而近年随着里海石油勘探的进展，巴库又重新成为西方国家争夺石油资源的焦点，巴库经济随之再度繁荣复苏。因此，客观地讲，巴库并未到“油竭城衰”的地步，但巴库曾经的教训确实值得我们吸取。

2. 油城巴库历史和今天的经验教训

（1）经济过度依赖石油，未形成强大的接续产业群

总体上说，巴库经济的最大弱点便是过分依赖石油工业。巴库油田 100 多年来共采出原油 11 亿 t，其中有 25 年原油产量在 1 000 万 t 以上，而稳产在 2 000 万 t 则不足 10 年。尽管如此，石油工业历年来仍占当地工业总产值的 2/3 以上。

同时，巴库的石油产业链拓展不够，未形成结构合理、功能发达的石油产业群。虽然早在前苏联时期，很多工业门类与石油密切相关，比如石油化工、石油机械等工业就相当发达。巴库除了油气开采之外，其他行业如机械制造、冶金、采矿、机床、电机、造船、汽车修理、水泥及建筑材料、消防器材等也逐步发展壮大；轻工业也从无到有，成为外高加索地区重要的轻工业基地，地毯、食品工业相当发达，所产粒状黑鱼子和鱼子酱闻名于世界。石油开发也推动了军工企业、交通运输业、城市交通、住宅建设、商业、服务业等各项事业的发展。但是，随着原油产量的锐减，过分依赖石油的工业结构首先遭遇重创，原有的其他产业不但无法弥补石油这一高收益产业衰败后的经济滑坡，自身发展也陷入窘境，间接导致了城市的衰败。

事实表明，巴库市在长期的石油开采中建立了一定规模的产业基础，但由于其产业结构过于单一，仅围绕石油上、下游产业进行了有限度的扩展，而其他产业未得到相应的发展，因而其产业结构不合理，功能也很不完善。根据油气资源产业群的有关理论，一个完整、成熟的油气资源产业群主要由主导产业、基础产业和相关联产业三部分组成，三大部分之间必须协调发展，不能顾此失彼。如果产业群的结构不合理，只能看作是低层次的产业群，难以担当维持油区经济持久繁荣的重任。而巴库油田建立的正是这样一种残缺

不全的产业群，因而随着石油资源的枯竭，巴库油田的石油加工业也开始萎缩，整个城市处于缓慢增长的停滞状态，其显赫地位不断下降。

油气资源产业群仍是城市经济和社会发展的主导和支柱产业，是城市经济发展的命脉；另一方面，油区在发展以油气开采和初级加工业为核心的油气资源产业群的同时，也进行了一定程度的多元化经营，并有限度地发展了一定规模的替代产业群。但它们既不成熟，也不完善，且所占比重不大，仅能在一定程度上促进油区的经济发展。这就决定了整个巴库的命运还是牢牢地被石油所掌控。

（2）政府在促进城市可持续发展中的力量不够

巴库在其采油和炼油工业发展起来之后，没有抓住这一有利时机，将石油领域获取的资金向促进城市全面、健康、可持续发展的方向上转移。巴库的城市建设始终以石油为主导，城市自身发展不健全，城市各种功能弱化。近年来，巴库市政府希望依托石油产业的再度兴旺和自身丰富的历史文化资源，推动旅游、会展、文化休闲等产业的发展，并做出了一定的努力。如 2000 年巴库内城、希尔万沙宫殿和处女塔被联合国教科文组织列为世界文化遗产，这是阿塞拜疆的第一个世界文化遗产。巴库曾借这些资源优势申办2016年夏季奥运会，但由于基础设施不完备没有入围。

同时，由于近年来石油资源再度被发现，大量资金涌入这座石油城市，导致经济（正式部门和非正式的部门）一片繁荣景象，石油业和基础设施建设成为拉动当前经济增长的两驾马车。固定资产价格持续飙升，城市中心住房空壳化，取而代之的是金融领域的投资。这样，文化和建筑遗产由于住宅楼、饭店旅馆和写字楼的不断增加而遭到破坏。而政府对此的反应微乎其微，既没有制定长期的城市规划也没有颁布相关的法律法规来保护消失中的老建筑以及控制大兴土木给社会、文化、生态等带来的变化和影响。可以预见，随着历史文化遗产等宝贵资源的减少，巴库在替代产业的选择和发展上将面临着更加困难的局面。

此外，巴库城市污染严重，环境恶劣。城市处处可见石油井架，没有资源再利用组织，汽车尾气排放问题无人管理。2008 年巴库被《福布斯》杂志评为世界最脏的城市，并称那里充斥着恶臭的水、油坑和钻井与运输带来的空气污染。

2009 年，巴库政府宣布将把发展风能和太阳能等可再生能源作为首要任务，投入大量资金，并已经开展了一些项目。三家公司联合建设 48 MW 的风力发点站，该项目到 2010 年夏季完工。

虽然巴库拥有风力资源，它的平均风速是每秒钟 8 m，最大风速可达到每秒 40 m，远高于风力涡轮机要求的最小风速（4～5 m/s）。然而，巴库要大规模发展可再生能源还面临很多阻碍。比如，没有鼓励和促进清洁能源项目的国家或地方法律和政策条例；对于安装风能利用设备时所涉及的土地使用等诸多问题没有明确的管理办法和说明等。除了法律上的不完善，实际操作问题也是一大障碍。比如，巴库市民的环境意识还很淡薄，不愿意为此付费。因此，要真正实现把风能并入电网发电并应用到百姓家中，还有很多工作要做，巴库发展可再生能源的道路并不平坦。

四、北美地区转型成功的典范：加拿大卡尔加里

（一）卡尔加里的基本资源环境状况

卡尔加里（Calgary）又称卡城，位于加拿大艾伯塔省南部，埃尔博河与鲍河交汇处的阶地上，西近落基山麓，正好也是进入加拿大落基山的玄关口；南距加、美边界约 240 km。它面积 789.9 km^2，人口已达 110 万，是艾伯塔省第二大城市。

这个城市可以说是一座双手拥抱着加拿大大自然活力的城市。卡尔加里四季分明，7 月平均温度是 22.7℃，1 月平均温度是零下 9℃，比其他内陆城市较为温和。冬天，来自落基山脉的暖风，常会令气温在数小时之内急升，有一年圣诞节竟达 20℃。尽管每年冬季都会有几天气温会达到零下 30℃，但冬季大多数时间也是气候宜人，一般维持在零上 8℃到零下 8℃。它是全加拿大气候舒适程度仅次于维多利亚和温哥华而名列第三的都市。

城市以西的班夫国家公园是世界著名的自然风景区，也是加拿大第一座国家公园。因为独特的西部风情，卡尔加里别名牛城（Cow Town），也有人称它为马城（Horse City）。西部迷人的雪山、东部广阔的草原牧场和时尚的城市中心区共同构成了卡城的完整风貌。

促使卡尔加里发展成为现今规模的大城市的，是“黑色黄金”——石油。1914 年和 1947 年，在斯特德勒巴和勒达库相继发现了石油，现代化的高层建筑群也便由此逐渐出现在卡尔加里。石油和天然气是卡城的主要资源（艾省的油沙储量估计超过沙特的全部石油储量），其石油储量位居世界第二，丰富的石油资源加上优越的地理位置——艾省油田区和美、加经济发达区联系的东西两向的交汇点，使其成为新兴的石油化工工业城市和北美能源中心、石油贸易中心和多项服务中心。卡城的腾飞，被人们称为“石油引领的经济繁荣”。目前，卡城已成为北美石油、天然气、化工及其工程技术服务的中心，被称为“能源石化之都”。据统计，目前将总部设在卡城的大企业有 100 多家（在加拿大仅次于多伦多），其中全加 87%的石油和天然气企业、64%的煤炭企业的总部均落户卡城。

（二）卡尔加里如何选择和发展接续产业

1. 道路选择——走多元化的经济发展道路

卡尔加里与克拉玛依同是在 20 世纪四五十年代开始大量开采石油，然而，经过五六十年的发展，克拉玛依成为典型的单一资源型城市，由于高度依赖石油经济，长期以来形成了独特的城市经济和社会结构，即资源单一、产业单一、经济成分单一、人员单一。在产业结构中，以石油产业为主导，其他产业比重很少，同时，中央驻市企业占主导地位，地方企业比重很小。就在克拉玛依正在筹划未来如何实现可持续发展的时候，卡尔加里此时却已成为“全加拿大最佳工作地和生活地，全世界最佳投资地”。它正以其经济优势和生活方式成为世界的领先者，并吸引了 100 万居民和众多世界知名企业驻扎。卡城成功的发展应当归功于其选择了多样化的发展道路。

20 世纪 40—70 年代，随着油价的飙升，卡城经济呈现一片繁荣景象。然而，80 年代油价大幅下滑使卡城经济陷入低谷，由于城市人口多就业于石油企业，因此城市失业率也随之大幅上升。卡城管理者很快意识到不能过于依赖石油，并开始有意识地走多样化的发展道路。卡城的经济发展纲要中明确提出，要在金融服务、医疗卫生和社会福利、交通运输、高科技产业、创意产业、旅游和会展业等非能源领域加强发展力度，使这几个行业具有国际竞争力。在这一原则的指引下，卡城以石油和天然气产业带来的经济收益来带动制造业、旅游业、高科技产业、医疗保健行业的兴盛。目前卡尔加里市已经成为加拿大发展最快的城市，GDP 在五年间共增长 19.7%（1999—2003 年）。过去 20 年来，卡城借开发高附加价值产业如石油化工、电子通讯、食品加工和工程顾问等，发展了多元化的经济。过去 10 年间，该地区增长可观的领域包括仓储和运输业；金融和商业服务；信息通讯技术，最突出者为无线通讯和地理信息管理、设计及开发；与石油天然气相关的管理；科学和技术服务；信息、文化和休闲娱乐，如新兴多媒体及设计等。加拿大经济联合会公布的数据表明，经济多样化对卡尔加里经济的贡献率为 75%。

多样化发展不但使卡城摆脱了过度依赖石油的不利局面，而且对产业结构升级起到了加速推进的作用，同时它也为卡城经济带来了持续、稳定的高增长率，并使居民对未来发展有个良好的预期。

2. 产业选择——市场和政府共同作用的结果

卡城产业多样化进程一部分属于城市产业发展的自然变革，同时也是城市管理者精心设计规划的结果。

以高新技术产业为例。高技术产业是卡城近十余年来蓬勃发展的重要产业。目前，卡城高技术产业领域的就业量已经可以和传统能源产业匹敌，并且仍然在以强劲的势头增长，就业量有望达到其他领域 2 倍。如今，卡城的高科技创业企业的人均拥有量居全加拿大之首，超过 5.5 万雇员在近 2 400 个高科技企业中工作。这个城市的工程师密度也是全加第一。自 1995 年以来，卡城高技术产业每年的增长率都在 15%～20%。

卡尔加里 20 世纪 80 年代初遭受石油危机冲击时，正是一些受过高等教育和有技术专长的人才，领办形成了许多私营公司。这些公司摆脱了传统产业，转向高新技术领域，才形成了经济多元化的主要成分。可以说，高科技人才是卡城成功走向多元化道路的主导因素。

另一方面，现代石油天然气工业对高科技的需求明显增加，提供了很大的市场和充足的资金。如石油产业对蜂窝电话通讯技术提出了要求，也成为其软件技术的一个大买家。地磁通讯和无线通讯技术也是适应石油和天然气产业的需要而产生的。这样，卡城 IT 等高科技产业发展也越来越快。值得注意的是，尽管石油和天然气产业导致了飞速发展的高技术产业的诞生，但目前高技术产业的发展逐渐摆脱依赖石油业的局面，也日益走向多样化。

此外，低成本也是卡城高技术产业迅猛发展的一个重要原因。投资地专业咨询公司 Boyd 公司不久前发表的报告指出，卡尔加里市是北美地区发展高技术产业运营成本最低的一个城市。营造低成本的投资环境，政府功不可没。

1981 年，卡城创立卡尔加里技术联合组织（CTI），其核心任务是发展卡尔加里的高新技术产业。创建该组织的初衷就是使其与市政府、商务部门以及卡尔加里大学共同配合，成为卡城研发活动的管理和服务机构。从新技术成果产业化到培育商务网络和促进产业集群的发展，从吸引外部高科技企业到支持和发挥政府关系的作用，多年以来，CTI 已经为推动卡尔加里市的高技术产业发展发挥了重要作用。产、学、研一体化作用的充分发挥，无疑为卡城营造了良好的区域创新环境，从而提高了区域竞争优势。

省政府长期以来实行的低税率税收优惠政策，也是降低企业成本的重要手段。如不征收零售税、不征收资本税及企业工资税；阿尔伯塔省居民所纳的省和地方税比一般加拿大居民低两成，省劳工补偿局征收的保险费率是加拿大最低的省份；提供最具竞争力的企业及中小企业税率，阿尔伯塔省于 2004 年 4 月 1 日起，将企业的一般所得税税率，由现时的 28%调低至 21%，并将一般和制造业税率调低至 8%，中小企业税率由现时的 4%调低至 3%，中小企业规模上限也计划由现时的 35 万加元提高至 40 万加元。同时，土地规划方面，预先规划出充足适量的企业用地。此外，对于中小型企业和起步期的科技企业，卡城还提供专门的规划成长方面的咨询和培训服务。卡城制定有专门鼓励创新的政策。如发展创新园区，通过高智力人才引进政策，吸引创新人才；建立卡城的创新体系，培育各领域的创新活动；建立风险容忍机制，提供企业创新所需要的生态系统。

高新技术、高新技术企业和企业的技术进步在多元化调整中起着主导作用。卡城经济多元化发展中迅速崛起的大批中小企业，形成了和传统产业不同的高新技术产业群。它们和大企业相依相存，共同发展，有力地支持了卡城经济的多元化发展。卡城政府在积极引导、设立专门机构、提供服务、孵化扶植等方面发挥了重要作用。同样，卡城在软硬环境建设方面也做出了巨大的努力，创造了十分有利的条件。在我国石油城市经济的多元化发展中，这些都是值得我们借鉴的重要经验。

如果说高新技术产业在卡城的兴旺发展主要是市场选择的结果，那么，旅游业、文化产业的发展则更多是政府大力推进产业多样化的成果。

为推动旅游业的发展，卡城努力保护历史文化，利用自身的资源开发和丰富各种旅游产品，使自己成为北美运动休闲游、建筑艺术游和西部风情游的首选目的地。

1988 年在卡尔加里成功地举办了冬季奥林匹克运动会，现市区西面有著名的加拿大奥林匹克公园。每隔一年举办的环球石油展（GPS）和世界石油大会分别在 2000 年 6 月和 2002 年 6 月在卡城举行，规模很大。2002 年 6 月八国首脑会议在卡城近郊的卡纳那斯基旅游度假胜地成功举行，提升了卡城的国际声誉。每年 7 月初卡城举行的西部牛仔节是世界规模最大的牛仔节日，丰富多彩的竞技表演和比赛等，吸引了来自世界各地 150 多万观众和游客。这些都是卡城将自己推向世界的一个个佳作。

同时，政府注重加强旅游产业的基础设施建设，如在卡城的战略入口处建立游客信息服务和接待中心；在全市范围内增设方便游客的各种指示牌。

和旅游业一样，卡城凭借多样的地理环境、独特的西部风情成为重要的电影生产基地：《断背山》等影片都在此地进行外景拍摄。2004 年来自电影业的收入已达 1.3 亿美元。卡尔加里市政府充分认识到文化创意产业是促进就业、提高收入和促进经济发展的一部引擎。科技对文化产业的推动、对创意产业研究的重视以及省和联邦层面对文化创意产业重要地位的认可都推动着城市政府大力发展该产业的行动。

近年来，在经济蓬勃发展的背景下，卡城着力打造宜居城市，大力推进休闲产业的发展。在任市长提出，一座宜居的城市应当有充足的公园、操场、休憩场所和运动中心、剧院、图书馆、博物馆等能提高居民生活质量的场所。因此，市议会于 2007 年决议，对休闲、体育和文化基础设施方面投资 3 亿多美元。其中 2.1 亿美元投入于规划好的两个城郊休闲娱乐中心区的建设，4 300 万美元用于滑雪场基础设施建设，4 000 万美元用于现有相关设施的维护和改造，800 美元万用于冬奥会公园再建设。

（三）国家的石油产业发展战略

近年来，原油价格持续攀升并维持高位，国际能源争夺愈演愈烈。在世界能源领域形势日趋复杂、全球资源形势面临深刻变革的大背景下，加拿大政府也对国内的油砂（是一种含有沥青原油的地下砂石矿体，全球油砂所含的原油约 5.5 兆桶，但不易开采。加拿大艾伯塔省研发先进的开采油砂技术，并成为目前世界上唯一已商业化生产油砂的国家，日产量超过一百万桶[①]）做了开发规划。

1. 制定可持续发展的能源政策

加拿大政府制定了较为完备的能源政策，其主要目标是致力于

① 王志文. 科学发展，2009（436）：66。

能源资源的长期规划和可持续开发，将环保理念贯穿于所有能源政策和项目当中，确保当代及后人有足够的、价格合理的能源供应，并采取措施对现有资源进行有效利用和保护。

2. 加大环境领域的科技投入

2008 年 1 月，加拿大自然资源部部长伦恩和环境部部长贝尔德在联合举行的新闻发布会上说，加拿大政府将在未来 4 年里投资 2.3 亿加元用于清洁能源技术，重点放在开发碳回收与储藏以及清洁煤等技术，并探索在艾伯塔省油砂开采中使用更清洁的能源。加拿大政府将增加在环境领域的科技投入，并确定了环境方面的几大工作重点，即提高能效、开发可再生能源以及开发传统清洁能源技术。其目的是既要使加拿大成为能源超级大国，更要成为能源超级强国。

3. 油砂开采考虑多元化替代能源

随着油砂工业的快速发展和北美其他用户对天然气需求的增加，预计天然气价格将不断上涨，这使得艾伯塔省的油砂业面临严峻的挑战。为此，加拿大石油生产商协会（Canadian Association of Petroleum Producers）指出，应采取多种替代能源来降低天然气价格上涨带来的风险，这些替代能源包括火电、地热能以及该区北部富集的天然气资源。相邻的萨斯喀彻温省（Saskatchewan）是全球铀产量最高的地区之一，因此，利用核能开发油砂也是备选的替代能源之一。

综上所述，近年来，加拿大油砂开发成为世界能源的新亮点，其发展势头十分强劲，并有可能在未来成为世界最大的新的石油供应来源，在目前高油价形势下，其发展前景很值得期待。但毋庸置疑的是，加拿大油砂开发所面临的环境保护压力、能耗巨大、基础设施不足等问题也制约着其蓬勃发展的势头。总体上看，油砂开采业的不确定性与其发展希望同样大，仍将是今后一段时间内世界能源领域值得关注的热点。我国在实施“走出去”战略的同时，应借鉴加拿大油砂开采的有益经验，更应仔细研究其实施过程中得到的教训，为我国的油砂开发确立合理的发展机制和科学的产业规划。

在卡尔加里市政府的发展战略中，成为全球能源中心仍是其重要的战略目标。为实现这一目标，卡城持续推进能源部门的多样化；为能源公司提供商情、融资和专家服务；通过政策调节和引导能源部门的资金流和金融专家，增强卡城所有部门的资金和金融管理能力，打造全球资本和金融服务中心。

（四）卡尔加里市政府其他配套措施

1. 就业

卡城政府高度关注就业问题，致力于建立健全的劳动力市场发展战略，以满足当前和未来的劳动力市场需求。具体采取的措施包括对劳动力进行终身学习、技能升级、教育培训、就业咨询等方面的系统性帮助。

2. 教育和人才吸引

卡城特别重视教育。20 世纪 80 年代卡城在遭受石油危机冲击时，正是一些受过高等教育和有技术专长的人才，领办形成了许多私营公司。这些公司摆脱了传统产业，转向高新技术领域，才形成了其经济多元化的重要成分。可以说，人力资源在其城市替代产业的兴起和向综合性城市转换的方向、速度和规模上发挥了重要的作用。

因此，卡城政府认为是人力资本推动着该市经济长期的增长，城市要在全球竞争中取胜就必须在教育方面不遗余力地投入，特别是在适应和满足创意产业、高科技产业发展的要求方面。另外，政府长期致力于提高城市的宜居性，也是为了吸引和留住全球最优秀的智力资本。

3. 环境保护与资源节约

身为能源中心的卡城在能源开发和供应上绝不是仅仅依赖石油，而是因地制宜，对石油、天然气、煤炭、核能及风能都进行开发利用，实行整体能源战略，尤其注重充分利用可再生资源。卡尔加里位于落基山东麓山脚下的丘陵地带，风口 8 级以上大风终年不断。风电能由一家名为 Vision Quest Windelectric 的发电厂提供，该厂在艾伯塔省南部有 10 台各自装机容量为 660 kW 的风轮发电机，卡尔加里公车局通过其电力供应商 Enmax 每年购买 2.1×10^7 kW・h 的风能电来驱动该市近 100 台轻轨列车。

卡尔加里公车局原本考虑将其旗下的柴油汽车改为氢燃料电池车，但很快发现改用风能驱动轻轨可以达到事半功倍的效果，每年减少的二氧化碳排放量达 2.1 万 t。轻轨年客流量接近 4 000 万人次，这样平均下来，每年的电费支出不到 0.01 加元/人次。值得一提的是卡尔加里所在的艾伯塔省是加拿大的能源中心，而全国 80%的石油开发公司的总部都设立在卡尔加里，应该说最不缺少的就是能源，而今该市舍石油而就风能，是可持续发展的战略体现。

第三节　国外石油资源型城市转型的经验与启示

一、上级政府的支持

无论是卡尔加里还是休斯敦，上级政府在石油资源型城市的成功转型中起着首要作用。可以说，转型主要是通过充足的资金投入、合理的政策引导和投资安排新项目来实现的。

从石油城市成功转型的案例来看，政府都没有忽视市政基础设施、商业设施、道路交通设施建设，并投入了大量的资金，这为城市未来的发展打造了良好的基础环境。与城市基础设施投入相比，更直接、力度更大的政府投资则是集中在对于石油相关领域的基础设施建设（如石油管道的建设），以及石油化工行业的研发支持上。这种抓两头的财政支持模式，顺应市场经济规律，使政府的资金支持科学、有效地发挥了作用，达到了带动石油产业发展和城市转型的目的。

合理的政策也是引导石油城市顺利转型的重要手段。从国外成功转型的城市来看，国家层面都制定了着眼全局和长远、有计划适度开采以及鼓励发展清洁能源的能源发展规划及配套政策。它为当地能源产业的发展提供政策保护和引导，成为石油城市石油产业发展的“纲领性文件”。

最后，国家在新建大型项目上，有意识地向石油资源型城市倾斜，对于实现其产业转型有助推器的作用。成功转型的城市往往以国家级大型项目为突破口，依托大型项目建设为替代产业的发展打下坚实的基础。

二、当地城市政府的规划和运作

将巴库和迪拜模式与卡尔加里、休斯敦的转型相对比，一个决定转型成败的关键因素呈现在我们面前。那就是地方政府是否提早做好转型研究并根据自己的特点制定出长远的发展战略规划。有了研究和规划，有利于整体协调各方面的资源，有步骤、有计划地实现转型。

此外，政府通过促成产、学、研、官的结合来实现促进地方产业和经济发展的目标。石油城市人均拥有科技资源高于其他城市平均水平，但科技资源主要集中于资源开发企业。同时，资源型产业技术专用性强，生产作业封闭，社会化程度低，技术外溢度比较低。因此，现有科技资源难以发挥对城市经济的辐射与带动功能，在实际工作中造成大量矛盾和内耗。政府出面，帮助企业、研究机构和对口的政府主管部门建立协作联动机制，可以促进技术交流、技术转化、知识产权转移等，从而提高了社会的创新效率，提升了区域竞争优势。

三、经济多元化的积极探索

走多元化发展道路是石油城市成功转型的必由之路。迪拜模式留给我们最深刻的教训就是，政府不能只图短期暴利，把赌注完全压在房地产或金融业这样的虚拟经济上。应该看到，在石油城市的转型之路上没有捷径可走。如那些成功转型的城市一样，多元化可以分为两个方面：一方面，通过从石油开采、油田设备制造等上游能源业务向石油化工、出口石油相关技术等下游业务转变，走高端化道路，实现产业链条的延伸；另一方面，依据自身的特点，选择发展顺应时代特点的服务业、文化创意产业、高科技产业、新能源产业等新兴产业，培育新的经济增长点，实现经济基础多元化。

需要指出的是，在当今知识经济时代，人才是经济发展的第一要素。休斯敦和卡尔加里的成功经验充分表明，人力资源在其城市替代产业的兴起和向综合型城市转换的方向、速度和规模上发挥了重要的作用。因此，在对教育和鼓励创新上不遗余力地投入，特别是在适应和满足替代产业发展的要求方面的重视尤为值得我们学习。另外，建设宜居的城市生活、居住环境，也是为了吸引和留住全球最优秀的智力资本。

参考文献

[1] 张玫. 海湾六国的可持续发展及其对中国的启示. 阿拉伯世界研究，2008（3）：26-33.

[2] 李猛，张米尔. 资源型城市区域竞争优势再造研究. 决策借鉴，2002，15（2）：72-74.

[3] 孙爱萍，娄承，刘克雨. 能源城市休斯敦经济发展之路. 国际石油经济，2004（7）：23-25.

[4] 加拿大卡尔加里市市长 Dave Bronconnier. 卡尔加里——一座充满智慧的城市. 技术经济与管理研究，2003（6）：8.

[5] Calgary economic development strategy. [2008-01-08]. http：//www.calgarymayor.ca.

[6] Calgary Technologies Inc. Annual Report. [2010-05-12]. http：//www.calgarytechnologies. com/bins/index.asp.

[7] Cooper H. Langford，Jaime R. Wood，Terry Ross. “The Origins and Development of the Calgary Wireless Cluster”. University of Calgary，2007.

[8] A.B.Asadu1laev. “petroleum engineering industry in azerbaijan—fifty years after the great october revolution”，UDC 621.002（479.24）：622.276. Chemical and Petroleum Engineering，1967，3（9）：684-687.

[9] Terry D. Adams. Back to the Future——Britain，Baku Oil and the Cycle of History. Azerbaijan Inbernational，1998，6（3）：81-84.

[10] Sarah Marcus. Baku’s oil story. [2009-02-18]. http：//blogs. telegraph.co.uk/news/ sarahmarcus/8614123/Bakus_oil_story.

[11] Calgary economic development implementation outline. [2008-02-05]. www.calgarymayor.
ca/initiatives/municipalsustainability/overviewmunicipal.cfm.

[12] Joe R. Feagin. The Global Context of Metropolitan Growth：Houston and the Oil Industry. The American Journal of Sociology，1985，90（6）：1204-1230.

[13] Warren Rose. Catalyst of an Economy：The Houston Ship Channel，Land Economics，1967，43（1）：32-43.

[14] 刘金友. 石油城市的特点及其可持续发展中面临的主要问题. 工业技术经济，2002（5）：14-15.

第二章
国内石油资源型城市转型发展案例研究

第一节　国内石油资源型城市发展现状特征及转型的必然性

一、国内石油资源型城市的发展特征

一般认为，石油城市是指以石油资源作为建城的基础或发展的依托，40%以上的劳动人口以直接或间接方式从事石油资源的开发、生产和经营活动，50%以上的GDP靠石油资源获得的城市①。

国家发改委宏观经济研究院 2002 年在《中国石油资源型城市经济结构转型研究》报告中指出，中国典型的石油资源型城市有九座：黑龙江的大庆市、吉林的松原市、辽宁的盘锦市、山东的东营市、河北的任丘市、河南的濮阳市、甘肃的玉门市、新疆的克拉玛依市和库尔勒市。分别位于全国 8 个省（自治区），其中东北地区 3 座，东部地区 2 座，中部地区 1 座，西部地区 3 座。地级市 6 座，县级市 3 座。

尽管单个石油资源型城市各有其特点，但分析其现状，不难发现其存在的共同之处。

---

① 魏春梅. 我国石油城市可持续发展研究. 吉林大学硕士学位论文，2008。

（一）石油资源衰竭较快

从全国石油城市来看，石油资源的不断衰竭是必然和客观事实。大庆油田已开采 17 亿 t，占可采储量的 70%，剩余可采储量仅有 5.7 亿 t。在连续稳产 5 000 万 t 的二十几年后，自 2002 年起每年减产 250 万 t，预计到 2020 年，油田年产量将减少到 2 000 万 t，石油城市经济对石油资源的过度依赖性，石油资源的不可再生性和石油产量减少的不可逆转性，成为今后石油城市可持续发展面临的最大问题。

（二）结构失衡问题突出

石油城市是因油而建和因油而兴的。我国绝大多数的石油城市都存在着产业结构单一的问题，基本上是以石油和化工为主体，石油和天然气“一柱擎天”，一、二、三产业结构极不合理，特别是第三产业相当薄弱。2008 年大庆市三产结构比为 3.1∶85.1∶11.8，油与非油经济的比为 60.8∶39.2。其他城市也是保持“二三一”的格局，如东营 2008 年的产业结构为 3.4∶76.5∶20.1。

（三）城市功能缺位严重

我国的石油城市由于历史原因，一般都建立在石油资源的开采加工地区，往往地理位置偏远，建设和发展城市的成本高昂，制约了城市功能的进一步完善。而且，石油城市一般地域辽阔，人口密度较小，城市的聚集功能较小，不利于城市聚集功能的培育和辐射作用的扩大。同时，适应市场经济需要的市场很少，文化、医疗、教育、街道建设等都相对滞后，除了石油企业自身在矿区建设一些基础设施，拥有相对完善的社会职能以外，整个城市的功能相对欠缺，并且存在与石油企业之间的分割和重复建设现象。

（四）生态环境保护和建设难度较大

我国的石油城市普遍存在草原退化、土地碱化和沙化、工业污水处理率较低、城市地表水污染较重、地下水严重超采而水量不足等一系列生态环境破坏的问题。如经过 40 多年大规模的石油开采，目前大庆市草原退化、沙化、盐碱化面积已占总面积的 84%，油田开采区草原荒漠化比重达到 95%，地下水年超采量近 1 亿 m^3，在城市西部已经形成 5 500 km^2 的区域水位降落漏斗。石油城市长期的粗放式开采导致生态环境的严重破坏，不仅制约了石油企业的正常生产经营，而且严重影响石油城市的建设和形象，给石油城市居民的正常生产生活带来不利的影响和威胁。

二、石油资源型城市转型面临的问题

（一）石油资源衰减加快，对城市发展支撑力下降，城市转型面临更为紧张的时间约束

石油资源经过多年高速度和高强度的开发，油田的稳产和持续发展形势日趋严峻。加上石油资源储采比例严重失衡，基础设施老化速度加快，综合水位上升速度加快，使原本存在的矛盾更加突出、更加严重，城市转型十分紧迫。

（二）产业结构较为单一，体制机制不顺，城市功能薄弱仍是比较大的制约因素

目前，石油资源型城市仍是石油经济占据主体地位，其他接续产业还相对较弱小，拉动经济发展的力量有限。在体制机制上，中直企业主宰了石油城市的经济命脉，其自主经营权限有限，市场化程度不高，财政、土地管理机制也没有完全理顺。在城市功能上，由于历史欠账较多，社会服务功能弱，承载力低，影响着城市的可持续发展。

（三）资源开发带来的环境问题，已经危及城市的转型和可持续发展

大规模、长时间、高强度的石油开发，使石油资源型城市付出

了严重的生态代价。水、土壤、空气等一系列的污染，使得人类生存环境受到威胁，这已严重危及石油城市的可持续发展，生态修复的任务十分繁重。

（四）在推动经济转型的过程中，动力欠缺，主体力量不够强大

地方政府由于财力不足，在引导产业发展、改善发展环境等方面缺乏足够的投入，推动作用难以更好地发挥；中直企业由于自主经营权利有限，在推动地方经济发展方面的作用还需进一步增强；真正有实力的地方企业较少，也难以形成推动经济发展的有力支撑。

三、国内石油资源型城市转型的必然性分析

（一）石油资源型城市转型是由其在国民经济发展中的地位和作用决定的

在我国工业化进程中，石油资源型城市是国民经济发展所需石油和天然气的主要供应基地，提供了 90%以上的石油、70%以上的天然气。石油资源型城市是我国现代工业体系的重要组成部分，资源型城市的兴起，带动与促进了资源产品加工业和服务业的发展，为制造业的快速发展提供了物质基础。石油资源型城市中的资源型企业向国家缴纳了大量利税，为工业化提供了巨额的资金积累。资源型城市加快了我国的城市化进程，在区域经济发展中起着“增长极”的作用，促进了区域经济的协调发展。石油资源型城市以其特有的资源和地域特点成为国家区域战略的重要组成部分。由此可见，如果石油资源型城市不能实现可持续发展，不仅会造成社会财富的巨大浪费，而且会给我国工业化和城市化进程以及区域经济协调发展带来严重的负面影响。

（二）石油资源型城市实行转型也是由我国国情和资源型城市自身特点决定的

我国的国情表现为：城市化水平相对较低，人口密度高，地域辽阔但适宜居住的面积有限，人口迁移受到许多限制，以社会主义市场经济体制为背景并具有较强的调控能力等。资源型城市的特点表现为：城市发展不受私人资本的控制，国有资本和政府在发展中的主导性作用强；城市规模较大，人口都在几十万甚至百万以上；许多都具有地级或县级的行政建制，是地区政治、经济和文化中心；人口大规模转移困难，有重大社会稳定问题，对国家经济和社会发展产生重大影响；许多城市处在城市化水平很低的中西部地区，是所在地区经济发展的增长极，其衰退会导致当地经济的停滞，进而影响到整个区域经济的协调发展；增长和衰落并存，一些城市已具有产业多元化发展和产业转型的基础。可见，石油资源型城市实行转型理应是我国产业和社会发展的必然要求。

第二节　国内石油资源型城市转型的地方实践

一、玉门

玉门市地处河西走廊西端，东临古城酒泉，南接钢城嘉峪关，西通声闻世界的敦煌市，北接中蒙边境。由于玉门油田的开发，让玉门市成为一座典型的老工业城市。玉门有着光辉的石油开采史和城市发展史，但 20 世纪 80 年代末 90 年代初，玉门石油资源日渐枯竭，玉门油田原油储量急剧减少。1998 年，玉门油田年产量下降至新中国成立以来最低点——38 万 t，这是一个信号：玉门油田老了，资源枯竭的日子来了。2003 年，玉门石油管理局和玉门市先后做出迁移的决定。而今随着石油资源枯竭，人走城空而成为废墟。

（一）玉门城市转型基本情况

1. 空间布局转移，发展接续城市

玉门因油设市，沿山而建，孤悬于祁连山半坡上，远离交通主干线。随着资源开采进入后期，玉门油城发展空间受限，进行资源的空间布局大调整。玉门石油企业向东迁往 90 km 处的酒泉市，而玉门市政府驻地则向西迁往了 80 km 处的玉门镇，一座城市被撕裂，打破了规模聚集效应，大量人力、资金外流使当地经济社会发展受到重创。玉门市新市区建设始于 1991 年，1998 年玉门市做出搬迁决定后，依托当年玉门镇被确定为全国乡镇企业东西合作示范区的机遇，开始了新市区的规模开发建设。经过几年的建设，投资 3.5 亿元，建成了“三纵一横”10.4 km 高等级城市道路和覆盖 2.5 km^2 的城市给排水、供电、供热、交通、通讯等基础设施工程，完成了市委综合办公楼、玉门宾馆、商业步行街等重点工程，初步建成了行政办公区、公众活动区、工业园区、商贸小区、住宅小区等城市功能区。

2. 依托资源优势，发展接续产业

玉门市在发展石油主导产业的同时，立足能源资源、农产品、矿产品、建筑建材四大资源优势，发展接续产业：一是玉门石油工业恢复性发展。进一步巩固石化工业在全市经济发展中的主导地位，以油田产能建设为主的石油主导产业迅速发展。在青西建成了年产 50 万 t 的整装油田，使玉门油田产量迅速上升；并积极利用西油东送的机遇，扩大炼油能力；加大了配套产业的发展，开工建设了 10 万 t 甲醇项目。二是电力工业成为玉门第二支柱产业。玉门市依托丰富的风能、水能等资源优势，大力发展电力工业，使电力工业得到了长足发展。2005 年末，玉门有火电、水电、风电厂（站、场）20 家，总装机容量达到 43 万 kW，成为继石油后的第二大支柱产业，为玉门的可持续发展找到了一个重要的接续产业。三是农产品加工业逐步兴起。以建设甘肃省重要的农产品加工基地为目标，玉门市大力发展农产品加工业，全市农产品加工企业达到了 58

个，加工能力达到 30 万 t，带动产业化基地 35 万亩。涌现出了大业饲草、莫高麦芽、拓璞啤酒花浸膏等一批投资亿元的项目。

（二）玉门城市转型中存在的问题

1. 搬迁带来了灾难性的后果

由于两地搬迁，玉门市失去了长期以来赖以生存的服务对象，市区人口锐减，给全市社会发展带来了灾难性的后果。有人曾做过统计，以前玉门市经济总量的65%来自于石油产业，财政收入的60%也源于石油；石油开采及相关产业创造了 3.6 万个就业岗位，占玉门市城镇在职职工总数的 61.7%。对石油的过分依赖使玉门经济在资源枯竭的情况下遭受重创。玉门石油管理局迁出后，市属 30 多家依赖油田生存的企业纷纷破产，近 7 000 名职工失业，地方工业体系被完全打破，工业经济总量迅速下降。转型的艰难超乎预计，政府、企业，乃至每个市民都切身感受到了转型的阵痛。玉门市 66 个居委会 2001 年缩减成 33 个，2005 年又缩减成 12 个，大量的工厂倒闭，成片的厂房被夷为平地。

据统计，因为搬迁，玉门市政府 2005 年已负债 1.18 亿元，相当于全年的财政收入，而进一步的搬迁至少还有 2.5 亿元的资金缺口，这已使政府的运转举步维艰。此外还有道路、供水、供电、学校等众多基本公共设施项目等待建设，而它们所需的资金接近 8 亿元。

2. 接续产业支撑能力有限

玉门市虽然将恢复石油工业作为未来发展的支撑点，但其经济规模较小，难以有效带动经济发展。如 2005 年，石化工业实现工业总产值 107.5 亿元，增加值只有 31.4 亿元。而电力低价上网，高价购回，地方没有收益。已建成的 20 家电厂（场、站）和待开发的电站，业主都是实力强大的电力和能源企业，玉门本地业主无力介入，地方得不到收益。农产品、矿产品大都是粗加工。科技含量低、地方收益低、资源优势没有转变成经济优势。玉门这种从一种资源转到另一种资源的发展，还没有形成真正的转型。

（三）玉门城市转型小结

玉门市在石油开采的后期才提出转型，城市功能问题相对突出。政府和企业的分城搬迁，造成了大量资源的外流和浪费；选择的接续产业相对脆弱，且对地方贡献不大，不利于经济的可持续发展；没有妥善安置好人员问题，造成了社会的不稳定因素；在政策、资金支持上，没有积极向上级政府争取，致使地方财政负担过重。

二、大庆

自 1976 年大庆原油产量达到 5 000 万 t，实现原油高产稳产长达 20 多年，之后迈入了石油经济与城市经济混存的发展阶段。从 1992 年起，大庆就建立了高新区，提出了“二次创业”，开始推进经济转型、实现可持续发展的不懈探索。特别是近年来，围绕构建全面发展战略新高地，建园区、引企业、上项目，初步形成了石化、乳制品加工、农产品加工、机械和电子等接替产业发展框架，经济转型和可持续发展工作取得显著成果。

（一）大庆转型基本情况

1. 充分发挥资源优势，积极调整产业结构

在大庆市产业结构中，石油和石油化工的支柱作用明显，第二产业所占比重太高，服务业比重太低，远远低于标准产业结构，因此其产业结构的单一性十分突出，产业结构重型化的特征非常明显。为改变这一状况，大庆市积极寻求产业结构调整之道。

从油气资源优势和产业基础出发，将做大做强石化产业作为结构调整的重点和优势主导产业。大庆市先后规划论证了 5 个百万吨石化大项目，支持石化大企业建设了 60 万 t 乙烯扩建、30 万 t 聚丙烯、20 万 t 高压聚乙烯、56 万 t 合成氨、76 万 t 尿素扩能、30 万 t 复合肥等一批大项目，石化产业的竞争力进一步加强。2005 年，规模以上石化工业实现增加值 77.9 亿元。编制了《做大做强大庆石化产业建议方案》，基本思路是做强石油化工，利用天然气资源，

做大天然气化工，延长产业链条，做深石化产品后续加工。这一思路获得了中石油集团的支持。

积极发展壮大其他接替产业，加快构筑非油经济产业群。大庆市在做大做强石化产业的同时，充分利用大庆市的资源、市场、土地、能源和资金等优势，积极壮大发展第二产业中的其他接续产业，以专业园区为载体，地方工业建设了 36 万片 6 英寸集成电路芯片、30 亿只药用玻璃瓶、2 万套辐射采暖设备、12 万 t 禾丰饲料等 300 多个产业关联紧密、上下游一体化发展的项目；培育发展了以乳制品加工为代表的农牧产品加工业，以石油石化装备为代表的机械制造业，以化纺、麻纺、毛纺为代表的纺织业，以新型建材为主的新材料工业和以芯片制造、软件开发为主的电子信息业等接续产业，精细化工、乳品、大豆、皮革、玻璃等产业呈现集群发展趋势；深入实施“农转牧”战略，加快了奶牛、生猪、大鹅基地建设，以牧带农、以牧促工，形成了 150 万头生猪、300 万只大鹅、100 万 t 鲜奶加工能力，畜牧业增加值占农业经济比重超过 50%；加快发展金融、旅游、物流等现代服务业，带动商贸、餐饮等传统服务业提档升级，城乡消费市场繁荣活跃，新兴第三产业快速发展，2008 年服务业增加值达到 262.1 亿元，与 2005 年（154.8 亿元）相比，年均增长率为 19.19%。

经过一系列努力，三次产业结构由 2000 年的 1.8∶89.7∶8.5 调整为 2010 年的 3.3∶82.2∶14.5；油与非油经济比例由 2005 年的 65∶35 调整为 2010 年的 52∶48。

2. 加强城市建设，转变政府职能

大庆市着眼优化硬环境，加大基础设施建设力度。相继开工建设了 301 国道绕行线、让杜路、滨洲铁路平改立、大剧院、青少年宫、会议中心、铁人纪念馆等一大批重点项目，完成通县乡村公路 1 287 km，城市功能不断完善。加快园区建设，打造新的创业平台。先后完善提升了精细化工园、大豆工业园、轻纺工业园、皮革工业园、玻璃工业园等 19 个专业园区，启动建设大庆西城工业园区，承载项目和企业的能力进一步增强。加快哈大齐工业走廊大庆项目区建设进程，规划的 8 个项目区 2005 年启动面积 11.2 km^2，完成固定资产投资 16.5 亿元，建设基础设施项目 35 个，为项目建设和企业入驻创造了良好条件。转变政府职能，继续推行政府服务“六项制度”，严格落实哈大齐工业走廊优惠政策，出台了《大庆市加快园区化工业发展若干意见》，为企业投资创造了优良的软环境。

3. 解决好社会民生问题，营造城市转型的良好环境

加大就业和再就业工作力度。通过开发公益性岗位、支持自主创业、加强劳务输出、发展民营经济等方式，千方百计创造就业岗位，积极安置就业、培训下岗失业人员，2010 年城镇登记失业率为 4.0%。

加强社会保障体系建设。提高低保标准和失业保险金发放标准，个体、灵活就业人员纳入医保范围，使全市养老、失业保险金发放率和低保覆盖率均达到了 100%，社会保障的受益人群和补助水平均有大幅度提高。

全面繁荣社会事业。加快科技创新步伐，积极发展高新技术产业；2005 年以“大学园”、“高中城”为重点，引进、建设、提升了 7 所大学、30 个研究院和专业科研院所、10 所省级示范高中，进一步推动教育事业发展；加强疾病预防控制和公共卫生体系建设，人民医院成为哈医大第五医院，油田总医院成为哈医大临床医院，医疗服务水平得到提升；以开展国家文明城市创建活动为契机，全力提高市民素质，精神文明建设迈出新步伐。

4. 争取政策、资金支持，构建石油城市转型的支撑体系

积极争取国家、省和中石油集团的支持，通过向省和国家有关部门的汇报争取，2005 年 5 月 18 日，大庆被国务院正式确定为石油类资源型城市经济转型试点。在省里帮助下，起草了转型试点方案，初步把转型的主攻方向定位在产业结构调整上，以做大做强石化产业为主，以乳制品加工、农牧产品加工、纺织和皮革、机械制造和电子信息、新材料和橡胶、新能源等为辅，大力发展“非油”、“非国有”经济，力争 2010 年初步完成大庆经济转型。在争取项目上，2004 年以来，紧紧抓住国家实施老工业基地振兴的有力契机，

积极争取中直企业技术改造以及地方工业高科技项目，有力促进了经济转型步伐；积极争取一批石化项目、农产品加工等 10 个项目列入国家振兴东北老工业基地计划，并争取国家开发银行的贷款进行城市功能项目和专业园区的建设。

5. 加大环境资源整治，实现可持续发展

加大环境资源整治力度，是可持续发展的重要内容。大庆市致力于改善生态环境，实施“百湖治理”，对主城区内的南湖、明湖、万宝湖、三永湖等 10 个泡泽进行清淤、换水、护岸、绿化等全方位治理改造，水系环境明显改观。实施“百园建设”，启动建设让胡路区生态园、城市森林公园等生态园 66 个，全市范围内初步形成星罗棋布的生态园建设格局。加快植树造林、城市绿化和一退三还。自 2002 年以来，植树造林超过 150 万亩，油田植被恢复 60 多万亩，建成区绿化覆盖率不断增大。坚持“政府调控、市场推进、公众参与”的原则，对污水、废气、噪声和垃圾等城市污染进行综合整治，大庆市城市环境综合指数达到 100%，被评为全国优秀旅游城市、全国内陆首家环保模范城。

（二）大庆石油城市转型小结

大庆市在城市发展转型的过程中，充分发挥了政府的主导作用，依托其资源优势，合理确定主导产业；妥善解决了转型过程中可能出现的社会问题，并积极争取国家政策、资金支持；加大了对环境的整治力度，从经济、社会、环境等方面保证了城市转型工作的顺利进行。

三、东营

东营市集中了胜利油田 80%的石油地质储量和 85%的产量，已探明石油地质储量 48 亿 t、天然气地质储量 2 300 亿 m^3，油田经济在全市经济总量的比重达到 42%[①]，是一座典型的石油类资源型城

① http://chinaneast.xinhuanet.com/2009-09/08/content_17632227.htm。

市。东营市虽然进入 21 世纪才提出黄河三角洲的开发战略，但因其在油田的稳定期进行转型，基础较好，城市转型成效显著。

（一）东营转型基本情况

1. 力促经济转型

胜利油田经过近 50 年的开发，已进入后稳定期，原油年产量稳定在 2 700 万 t 左右。为避免出现油尽城衰的现象，东营市认真借鉴其他石油城市兴衰的经验和教训，提前考虑资源型城市转型问题，积极探索可持续发展的新路子，地方经济占全市的比重由原来的 1/3 变为目前的一半以上。

东营市充分发挥资源丰富的优势，通过大力招商引资、建设山东加工制造业基地、推进自主创新等措施，大力发展石油接续和替代产业，努力壮大经济规模，推进经济结构优化升级，增强经济发展后劲和整体竞争力。

工业上，围绕建设山东加工制造业基地，搞好产业规划，建立多元投入机制，实施大企业带动战略，培育产业集群，在稳定发展石油工业的同时，发展形成了石油化工、盐化工、精细化工、纺织服装、机械电子、橡胶制品、造纸及林木加工、食品加工八大支柱产业，使东营市成为有影响力的石化基地、造纸基地、轮胎大市。2008 年，全市规模以上工业企业达到 791 家，销售收入过百亿元的 5 家。

农业上，突出“生态”“绿色”“高效”，提高农业现代化水平，龙头企业达到 479 家，形成了畜牧、水产、蔬菜、冬枣、棉花等五大优势产业，建成了 91 万亩绿色、无公害农产品原料基地，培育出 49 个绿色、无公害品牌。

服务业发展上，围绕改造提高传统服务业，加快发展现代服务业，加强服务业设施建设，加大扶持力度，使服务业的规模和层次都有了很大提高。经过多年的努力，东营的经济发展速度明显加快，经济发展质量明显提高，经济结构明显优化，近几年全市经济增速一直保持在 16%以上，其中地方经济增速保持在 25%左右。

2005年东营市地区生产总值突破千亿元大关，达到1 166.14亿元，三次产业结构为4.1∶82.3∶13.6；2010年东营市地区生产总值突破 2 300 亿元，达到 2 360 亿元，比上年增长 13.4%，三产结构为3.7∶72.6∶23.7，产业结构调整成效显著。

2. 完善基础设施建设

东营建市 20 多年来，在城市发展定位上，确立了创建卓越的生态城市、创建最适宜创业发展和最适宜人类居住的城市的目标，突出“大水面、大绿地、大空间”的特色，加强基础设施建设。

加强对内对外交通大通道建设，改造完善了东营机场，开通了至北京、上海、西安的航线；投资 17 亿元实施了东营港扩建工程，并规划论证油码头的建设；环渤海高速公路已经开工，黄（骅）大（家洼）铁路已经国家批复立项，正在争取尽快建设；全市等级公路密度达到每百平方公里60 km，高速公路通车里程达到150多km。

加强能源建设，全市发电装机容量达到 1 550 MW，电网供电最大负荷 1 100 MW，目前正在推进实施总投资 200 亿元的大唐东营电厂、总投资 20 亿元的鲁能风电和总投资 5 亿元的大唐风电等项目。

针对东营海岸线长、地势平缓、易受风暴潮侵袭的实际，与胜利油田携手建成了 200 多 km 的防潮大堤，拓展了城市和经济发展空间，为城市建设、油田生产提供了强大的安全屏障。

为充分发挥信息化对经济社会发展的推动作用，实施了“数字化东营”建设工程，于2002年被批准成为“国家信息化试点城市”。这些重大基础设施的建设，为东营的长远发展奠定了坚实的基础。

3. 致力解决社会问题

东营自建市以来，城乡差距以及油田职工和地方居民贫富差距的问题一直存在。

为解决城乡差距，东营市坚持统筹城乡发展，不断加大对“三农”的倾斜力度。2002—2007年仅市财政支持基层和“三农”的资金就达 19 亿元，努力提高农业综合生产能力，改善农村生产生活条件，大力促进农民增收，农民人均纯收入结束了自建市以来连续

15 年低于全省平均水平的历史，2005 年达到 4 602.7 元，高出全省平均水平 672 元。率先实现了“三免五通”，即全部免征农业税、免除农村学校义务教育阶段在校生学杂费课本费作业本费、免收集贸市场管理费，村村通柏油路、通客车、通自来水、通有线电视、中小学微机联网校校通。为从根本上解决“三农”问题，在 2005 年提出了建设社会主义新农村，确定在全市实施包括八大建设 30 条措施的社会主义新农村建设工程，目前进展良好。东营市统筹城乡发展的做法，多次受到中央、省的肯定。

针对贫富差距，东营市政府加大了对弱势群体和困难群众的扶持力度。“十五”期间市财政拿出 3.98 亿元加强社会保障体系建设，实现了“五保五救助”，即城乡养老保险、城乡低保、城乡医疗保险、城镇失业保险、农村五保对象集中供养，教育救助、残疾人救助、灾害救助、老年人救助、住房救助，基本实现了老有所养、病有所医、失有所助、贫有所帮、灾有所救、居者有其屋。同时，坚持不懈地为群众办实事、办好事，每年为群众办 10 件实事、实施十大工程，有效地改善了群众的生产生活条件。

4. 加大环境资源整治力度

东营市着眼城市的可持续发展，不断加大环境保护和资源节约力度，制定了生态城市建设规划，确定了把东营建成资源循环利用、经济多元共生、碧水绿脉共融、环境洁净优美、社会文明和谐、人居舒适安康的生态城市目标。根据这一目标，东营市在以下三个方面进行了积极的探索：

一是积极探索科学的资源开发模式。坚持资源开发和保护并重，实行有计划的开发，对油气、盐矿、地热开发前，都进行环境影响评价和地震安全性评价，并出台了一系列管理规定，防止造成地面沉降、环境污染和加重土地盐渍化等问题。制定资源开发利用规划，进一步规范开发行为，推进有序开发，实现资源开发的经济效益与社会效益、生态效益的统一。

二是积极探索新型的经济发展模式。将可持续发展理念贯穿到区域经济发展和产业发展中，加强对优势产业的组织引导，调整优化经济结构，大力发展高效生态经济。以资源的高效和循环利用为核心，以低消耗、低排放、高效率为目标，大力发展循环经济，积极推行清洁生产，从根本上变革“大量生产、大量消费、大量废弃”的传统经济增长模式。

三是积极探索有效的生态建设和环境保护模式。将生态系统的保护管理纳入建设环境友好型城市的重要组成部分，1992 年成立了国家级黄河三角洲自然保护区，近几年先后实施了黄河入海流路治理、湿地生态修复、植树造林、盐碱地综合改造等工程，湿地得到有效保护，全市林木覆盖率由“九五”末的 12%提高到现在的 20%多，大片荒碱地变成良田和绿地，生态环境明显改善。同时加强环保基础设施建设，清理污染严重的项目和企业，强化环境监管，有力地改善了区域、流域环境质量。

（二）东营石油城市转型小结

东营市紧紧抓住了油田稳产期进行城市转型，避免了经济出现大的下滑的可能；在经济转型的同时，做好城市建设和社会民生的安置工作，排除了城市转型的后顾之忧；做好环境资源的整治工作，使可持续发展真正地落到实处。

四、盘锦

盘锦是我国东北地区重要的资源型城市之一，位于辽宁省西南部，辽河三角洲中心地带，土地面积约 4 071 km^2。盘锦市地下有丰富的石油、天然气、煤、硫等矿藏，中国第三大油田——辽河油田也位于此地。2000 年底，辽河油田累计探明石油储量 21 亿 t，天然气 1 784 亿 m^3，原油稳定装置处理能力 600 万 t/a，已开发建设 32 个油气田。

（一）盘锦城市转型基本情况

盘锦是一个典型的资源型城市，但盘锦市从自身特点出发，在科学发展观的统领下，紧紧围绕“实现资源型城市可持续发展、建设社会主义新农村、构建和谐盘锦”的三大重点任务，抓住发展契机，走出了一条资源型城市转型的特色之路。

1. 以项目建设带动经济转型

盘锦市坚定不移地主攻项目建设，效果日益显现，发展后劲增强，主导产业形象进一步明晰，经济转型进入了一个崭新阶段。

2009 年全市实施千万元以上项目 335 个，投资超亿元项目达到 69 个，项目完成投资 252 亿元。华锦乙烯扩建及油化工程加快推进，20 万 t 环氧乙烷等一批下游项目相继开工。海洋工程装备制造、宏冠造船二期等项目加紧建设，振奥 10 万 t 丁基橡胶等项目积极推进，船舶工业基地产业形象初步形成。石油装备制造产业集群初具规模，辽河宝石钻机生产基地已经形成。新加坡益海嘉里粮油加工项目实现投产。一期投资 22 亿元的振兴 18 万 t 高档文化用纸项目开工建设，拉开了苇纸一体化发展的序幕。这些重大项目的实施为全市经济可持续发展打下了坚实基础。

工业经济规模和水平明显提升。规模以上工业企业达到 560 户，新增 166 户。规模以上工业增加值实现 425 亿元，增长 11.6%。编制实施产业发展规划，2009 年石化及精细化工、石油装备与船舶制造、新型建材产业增加值分别比上年增长 22%、81%和 73%，盘锦工业的新优势正加速形成。科技创新步伐加快，实现钻机顶驱等 30 个重点项目技术创新，转化 200 项科技成果，高新技术产品增加值增长 50%，科技引领作用进一步增强。

服务业呈现较快发展态势。服务业增加值实现 116.5 亿元，增长 13.1%。连锁经营、特许经营等现代流通方式不断涌现。红海滩、鼎翔等湿地生态景观在国内外叫响了品牌，扩大了影响。年接待游客 135 万人次，旅游总收入增长 61.3%。成功举办了金融支持盘锦转型发展高层论坛，全市本外币贷款余额 245.2 亿元，实际新增贷款 62.9 亿元、增长 31.8%。房地产业健康发展，全年竣工房地产面积 70.5 万 m^2，商品房销售面积增长 24.5%。物流、信息、会展等服务业日趋活跃。

2009 年非油气采掘业增加值占全市生产总值比重达到 54%，

多元产业支撑格局初步形成。三产结构比也由 2006 年的 9.9∶74.1∶16.0 调整为 2010 年的 8.8∶66.8∶24.4。

2. 扎实推进基础设施建设

交通、能源、水利等基础设施建设取得重要进展。滨海公路盘锦段加快推进，辽河大桥侧引桥开工建设，滨海公路连接线拓宽、东外环续建、167 km 国省干道中修按期竣工。船舶工业基地铁路项目完成规划审批。盘锦海港引堤主体工程完工。河口港实现吞吐量 200 万 t、集装箱 5 000 标箱。华润热电联产、华能风电项目前期工作加紧推进。病险水库除险加固、大伙房水库输水工程等项目加快建设，城市供水管网新建、改造 60 km。油地携手共建的兴于快速干道、林丰路加快推进，螃蟹沟综合整治一期工程高质量竣工。

园区基础设施建设再掀高潮。全市七个重点园区当年完成道路、供水、供电等基础设施投资 22.8 亿元，建成标准化厂房 10 万 m^2，承载能力明显提升。船舶工业基地起步区实现“七通一平”，5 万 t 级舾装码头如期完工，填海造地等工程快速推进。石油装备制造基地跻身辽宁沿海经济带重点支持区域。高新技术产业开发区精细化工园、双台子区工业园、盘山经济开发区建设进度加快，食品工业园等园区功能不断完善。

城市面貌发生崭新变化。街区改造大力度推进，11 条主要道路、31 个小区 245 条小街小巷改造竣工，主街主桥实现亮化，街区环境亮丽一新。辽河湿地公园二期工程建成开放，盘锦北站改造完工，平房区拆迁改造 42.3 万 m^2，双台子区集中供热改造 170 万 m^2，更新城市公交车 84 辆，绿化、排水等一批公用设施工程相继建成使用，城市品位和功能明显提升。狠抓节能减排，5 座污水处理厂启动建设，城区“西郊三厂”等 194 户高污染企业彻底关停，单位生产总值综合能耗下降了 5.4%，化学需氧量、二氧化硫排放完成削减指标，生态环境进一步改善。

3. 紧抓改革开放不动摇

各项改革不断深化。一批国有企业实现股权多元化，企业改制历史遗留问题逐步化解。行政管理体制改革深入进行，削减市本级行政审批项目，压缩审批时限。行政审批电子监察系统在全省率先建成。市直事业单位分类和人员聘用制改革基本完成，财税、投融资等体制机制不断完善。农村综合改革、林权改革等继续深入。

民营经济加快发展。认真落实税费减免等政策措施，加大奖励、支持和服务力度，优化发展环境，推进全民创业。2009 年全市净增个体工商户和私营企业 7 578 户，民营经济增加值比 2008 年增长 43.2%，占全市经济比重提高 5 个百分点，达到 34.2%。

对外开放迈出新步伐。以船舶工业基地为龙头、各产业园区为支撑的大开放空间格局业已形成，聚焦沿海、聚力开放已成为全市上下的强烈共识和生动实践。各种生产要素竞相涌入，与华润集团签订了多个合作项目，投资 45 亿元的东方造船、投资 40 亿元的中际重工等一批大项目正式签约。各县区正以新的产业形象走向国内外，用新的载体吸引投资者目光。全市实际利用外资 8 400 万美元，比 2008 年增长 2.2 倍；引进域外资金 120 亿元，增长 1.3 倍；外贸出口 2.5 亿美元，增长 24%。

4. 全面发展社会事业

教育、文化等社会事业全面进步。新建农村九年义务制学校 17 所，盘山县、大洼县和双台子区通过“提高普九”省级验收，兴隆台区成为“双高普九”城区。群众性系列文化活动丰富多彩，辽河文化产业园被授予“国家文化产业示范基地”称号。新改造九所乡镇卫生院，全市乡镇卫生院改造工程全面完成，公共卫生和医疗服务体系不断完善。食品药品监督管理得到加强，保障了群众饮食用药安全。加大市容市貌、违章乱建、黑出租车等清理整治力度，城市秩序、城市形象、市民精神风貌焕然一新，盘锦市进入全国创建文明城市工作先进市行列。

重视改善民生。就业持续增加，零就业家庭保持动态为零，城镇登记失业率为 2.7%，低于全省平均水平 1.1 个百分点。社保制度不断完善，各项社会保险金、低保补助金及时足额发放，社会保障工作走在全省前列。新型农村合作医疗人均筹资标准由 50 元增至 90 元，报销比例提高了 10 个百分点。城镇居民基本医疗保险当年启动、当年运行，参保14.5万人，覆盖面达到85%。投入1 155万元帮助城乡弱势群体解决临时生活困难，对1 418户城市特困家庭发放住房补贴360万元，翻建了农村贫困户土危房716户。实现了6 912户弃管冷楼居民温暖过冬。解决了6万农民饮水不安全问题。城乡低保户价格补贴政策全面落实。

（二）盘锦石油城市转型小结

盘锦市在进行的经济转型中，坚持以项目带动的方式，整合各项资源，壮大工业规模，扩大服务业比重，积极构筑非油产业集群；完善基础设施建设，建成宜商宜居的环境；以改革开放为抓手，吸引投资，带动外向型经济发展；在经济转型的同时，做好社会事业的转型，为城市发展营造良好的人文环境。

五、国内石油资源型城市转型案例总结

（一）转型时机的把握

转型时机的选择直接影响到转型的成败，宜早不宜晚。玉门市在石油开采已进入衰退期时进行了转型，但效果并不理想。接续产业并未发展起来，而主导产业已丧失了竞争力和支撑力。由此产生了一系列问题，如就业压力沉重、生态环境修复难度加大等。而东营等城市却是在石油的稳产期进行的转型，为产业发展赢得了时间，使其形成了有效接续，构建了相对完善的油气资源产业群，防止了经济出现大波动的可能，并为可能出现的社会问题的解决奠定了坚实基础。

（二）转型定位的把握

由于各地的资源禀赋各不相同，在转型定位的把握上应以充分发挥本地的资源优势为出发点，契合未来发展方向。东营市在城市发展定位上，确立了创建卓越的生态城市、创建最适宜创业发展和最适宜人类居住城市的目标，描述了将来的愿景。大庆市提出了“二

次创业”，以再城市化道路逐步解决历史问题。

（三）转型产业的选择

接续产业的选择是石油资源型城市实现产业转型中遇到的首要问题，必须形成符合城市特点的产业发展思路。大庆市在石油开采业发展的基础上，进行产业的纵向扩展和横向扩散，提高了产品的加工深度和产业的广度，从而扩展了原有产业链，形成了适应当地特色的多元产业结构，促进了城市的可持续发展。

（四）转型的支撑体系

由于石油资源型城市的转型需要巨额资金，并需要一定的政策指引，因此必须形成政府主导的支撑体系。在政策、资金、税收等方面给予转型城市一定的倾斜，推动转型的顺利进行。大庆等城市在争取国家政策、资金等方面进行了较大努力，地方政府也全力支持，转型比较顺利；玉门市由于在转型中没有得到国家财政的补贴，靠举债搬迁，加重了地方政府的财政负担，使转型缺乏资金支持，举步维艰。

第三节　国内石油资源型城市转型发展的经验教训

石油城市是一种过渡形态，其兴衰开始取决于石油资源的开发，随着石油资源的减少，其后期的兴衰则取决于不依赖石油资源的开发和向综合型城市的过渡。总结上述石油资源型城市转型的成功经验和失败教训具有重要的意义。

一、石油资源型城市转型的经验

（一）调整城市经济结构，发展城市经济

产业结构的调整和优化是石油资源型城市顺利转型的核心。首先调整产业结构重型化的状况，在发展重工业时，要兼顾食品、纺织等轻工业的发展，解决下岗职工的就业问题；其次是三次产业的协调发展，抓第二产业的同时，也要解决第一产业——菜篮子问题，为城市发展提供良好环境；最后应把第三产业做活，发展旅游业、信息产业和金融保险业、房地产业，适应城市发展的新需求，完善城市产业体系。

（二）改革管理体制，完善政府职能

石油城市“大企业，小政府”的不合理状况由来已久，应适当加大地方政府的宏观管理权限，还权于政，加强地方政府管理城市的职能，逐步改变企业办社会的现象，地方政府可以分期分批地收回企业已办的社会职能，减少企业的负担，改变其在市场竞争中的不利地位。对现行的经济政策进行进一步的改革，使其符合市场状况。

（三）争取上级支持，获取充足的转型资金

政府应加强石油开采的宏观调控，延长开采年限，为转型过程的顺利进行与减少不必要的社会动荡提供必要支持。石油城市应积极争取中央及上级政府出台的相关政策，根据当地的实际情况向有关部门汇报，争取优惠政策，尤其是转型关键期的石油城市，更要积极争取国家的财政政策，争取更多的转移支付，加快城市转型发展。

（四）加大科技投入，转变石油资源开采形式

我国石油城市的主体企业的技术水平与发达国家相比仍有很大的差距，石油开采的技术力量薄弱、技术进步缓慢，这严重阻碍了产业结构的升级优化。因此，石油城市的发展战略中，必须重视科技的力量，引进先进技术，发展新兴产业和高新技术产业，并由高新技术向传统技术领域渗透，改造传统技术，实现石油开发利用由粗放型向集约型转变。

二、石油资源型城市转型的教训

（一）丧失转型佳机，财政负担加重

玉门的产业转型是在资源开发已进入衰退期，政府为了解决严重的经济、社会等问题而采取的被迫应对措施。由于资源条件恶化，开采成本不断上升，资源型主导产业的竞争力丧失，失业人员不断增加，此时进行产业转型，对于培育替代产业、解决遗留问题，单凭市场机制进行调整已不可能，政府不得不投入巨额财政并以一定程度的效率牺牲为代价，实施城市转型。

（二）未妥善安置就业，政府面临巨大压力

近年来，玉门市服务配套油田的市属工商企业因石油企业改制和油田企业有偿解除劳动关系等原因，全市现有 1.4 万名下岗职工亟需再就业，形成沉重的社会再就业压力。政府财政困难，缺乏对就业资金的投入。加之企业遗留问题多，给社会稳定带来了诸多隐患。

三、石油资源型城市推进转型的对策建议

（一）合理开发利用自然资源

石油资源的可持续利用开发，重点在于寻找可持续发展的后备资源。首先提高石油开采技术，采用更加先进的设备和手段，提高已动用储备的最终采收率，增加原油产量，这不仅使宝贵的石油资源得到比较合理的利用，也为石油城市的可持续发展提供了保证；其次，提高储备部分的石油资源的运用程度，这是增加后备资源的又一重点；再次，在充分挖掘现有探明油气资源潜力的同时，扩大勘探领域，实现以油气为主体的多种资源综合勘探新突破，增加后备资源。此外，大力实施“走出去”战略，在石油资源的开发上，从单一的国内开发转变为国内外共同开发，为增加后备资源创造更

多的机会。

（二）抓住石油稳产期积极进行转型

在石油资源开采的稳产、稳定期进行转型可以起到事半功倍的效果。要充分抓住石油资源开采的黄金时期，迅速构建功能完善、结构合理、配套协调的油气资源产业群，并进行油气资源开采、加工、销售一体化经营，延伸产业链条，发展替代产业，安置转型过程中出现的失业人员，有利于社会的稳定和谐。

（三）加快推进产业结构调整

经济转型必须按照产业结构优化的方式来运作，只有从依靠石油业的单一产业结构过渡到全面发展的综合性产业结构，才能逐步走出困境。第一产业要以农业产业化为重点，优化农业结构，实现传统农业向生态农业和现代农业转变。第二产业要根据当地资源和环境特点，大力发展非油工业和非公工业，积极扶持中小企业发展，构建若干有竞争能力的产业集群。第三产业要着重发展旅游、信息、金融、社区服务等新兴第三产业。实现三次产业协调发展，产业结构优化升级。

（四）改革地方政企管理制度

体制改革要扫除发展道路上的障碍，首先要改革不合理的管理体制。一是理顺地方政府与企业的关系。必须改善“大企业，小政府”的不合理状况，适当增大地方政府的宏观管理权限，要使地方政府依法治城，依法管理资源，还权于政，加强地方政府管理城市的职能。二是逐步转变企业办社会的现象。企业已办的社会职能可分期分批移交给地方政府，减少企业的负担，改变其在市场竞争中的不利地位。三是调整现行不合理的经济政策，如价格政策、投资政策等。石油城市固定资产投资流向不合理的状况，应该给予纠正。增加地方工业、社会基础设施以及第三产业的投资比例。

（五）给予必要的政策和财政扶持

石油行业存在“市场失灵”的问题，即由于资源开采的外部性以及过去和现在仍存在的无序的市场结构，使石油城市蒙受的损失无法由完善的市场给予补偿。国家应该适时出台扶持石油城市的产业政策。一方面应针对石油城市的实际情况实施一系列优惠政策；另一方面对个别已陷入严重困境的石油城市，应给予及时财政支持，如加大转移支付力度，投资兴建大型基础设施等，使这些城市摆脱衰退陷阱，重新进入发展之路。

参考文献

[1] 大庆市社会科学界联合会课题组. 关于推进大庆石油资源型城市经济转型的研究报告. 大庆社会科学，2007（2）：10-18.

[2] 山东省东营市人民政府. 东营：探索资源型城市的可持续发展之路. 环境经济杂志，2007（3）：52-55.

[3] 东营市未雨绸缪，探索资源型城市可持续发展之路. [2009-09-08]. http：//chinaneast. xinhuanet.com/2009-09/08/content_17632227.htm.

[4] 毕宏伟，等. 对玉门市城市转型与发展的思考. 甘肃金融，2006（7）：30-31.

[5] 关中. 玉门：被废弃的“石油城”. 中国城市经济，2007（6）：21-22.

[6] 曲秋红. 盘锦经济转型中面临的问题与对策. 辽宁行政学院院报，2003（6）：36-38.

[7] 魏春梅. 我国石油城市可持续发展研究. 吉林大学硕士学位论文，2008.

第三章
克拉玛依市可持续发展指标体系研究

第一节　可持续发展的由来和内涵

一、可持续发展的由来

可持续发展思想起源于人类对能源危机、资源危机、粮食危机、生态危机等人类所面临的各种危机的反思，作为一个有明确定义的概念是在 1987 年世界环境与发展委员会发表的报告《我们共同的未来》中被提出来的，意指“既满足当代人的需求，又不对后代人满足其自身需求的能力构成危害的发展”。这一概念在 1989 年联合国环境规划署（UNEP）第 15 届理事会通过的《关于可持续发展的声明》中得到接受和认同。可持续发展还意味着维护、合理使用并且加强自然资源基础，这种基础支撑着生态环境的良性循环及经济增长。此外，可持续发展表明在发展计划和政策中纳入对环境的关注与考虑，而不代表在援助或发展资助方面的一种新形式的附加条件。以上论述，包括两个重要概念，一是人类要发展，要满足人类的发展需求；二是不能损害自然界支持当代人和后代人的生存能力。

二、可持续发展的内涵

可持续发展是一个涉及经济、社会、文化、技术及自然环境的综合概念。它是一种立足于环境和自然资源角度提出的关于人类长期发展的战略和模式。它并不是一般意义上所指的在时间和空间上的连续，而是特别强调环境承载能力和资源的永续利用对发展进程的重要性和必要性。它的基本思想主要包括三个方面：

（一）可持续发展鼓励经济增长

可持续发展强调经济增长的必要性，认为必须通过经济增长提高当代人福利水平，增强国家实力和社会财富。但可持续发展不仅要重视经济增长的数量，更要追求经济增长的质量。经济发展包括数量增长和质量提高两部分。数量的增长是有限的，而依靠科学技术进步，提高经济活动中的效益和质量，采取科学的经济增长方式才是可持续的。因此，可持续发展要求重新审视如何实现经济增长。要达到具有可持续意义的经济增长，必须审计使用能源和原料的方式，改变传统的以“高投入、高消耗、高污染”为特征的生产模式和消费模式，实施清洁生产和文明消费，从而减少每单位经济活动造成的环境压力。环境退化的原因产生于经济活动，其解决的办法也必须依靠于经济过程。

（二）可持续发展的标志是资源的永续利用和良好的生态环境

经济和社会发展不能超越资源和环境的承载能力。可持续发展以自然资源为基础，同生态环境相协调。它要求在严格控制人口增长、提高人口素质和保护环境、资源永续利用的条件下，进行经济建设，保证以可持续的方式使用自然资源和环境成本，使人类的发展控制在地球的承载力之内。可持续发展强调发展是有限制条件的，没有限制就没有可持续发展。要实现可持续发展，必须使自然资源的耗竭速率低于资源的再生速率，必须通过转变发展模式，从根本上解决环境问题。如果经济决策中能够将环境影响全面系统地考虑进去，这一目的是能够达到的。但如果处理不当，环境退化和资源破坏的成本就非常巨大，甚至会抵消经济增长的成果而适得其反。

（三）可持续发展的目标是谋求社会的全面进步

发展不仅仅是经济问题，单纯追求产值的经济增长不能体现发展的内涵。可持续发展的观念认为，世界各国的发展阶段和发展目标可以不同，但发展的本质应当包括改善人类生活质量，提高人类健康水平，创造一个保障人们平等、自由、受教育和免受暴力的社会环境。这就是说，在人类可持续发展系统中，经济发展是基础，自然生态保护是条件，社会进步才是目的。而这三者又是一个相互影响的综合体，只要社会在每一个时间段内都能保持与经济、资源和环境的协调，这个社会就符合可持续发展的要求。显然，在新的世纪里，人类共同追求的目标，是以人为本的自然-经济-社会复合系统的持续、稳定、健康的发展。

三、可持续发展的基本原则

可持续发展具有十分丰富的内涵。就其社会观而言，主张公平分配，既满足当代人又满足后代人的基本需求；就其经济观而言，主张建立在保护地球自然系统基础上的持续经济发展；就其自然观而言，主张人类与自然和谐相处。从中所体现的基本原则有：

（一）公平性原则

所谓公平是指机会选择的平等性。可持续发展的公平性原则包括两个方面：一是本代人的公平即代内之间的横向公平。可持续发展要满足所有人的基本需求，给他们机会以满足他们要求过美好生活的愿望。当今世界贫富悬殊、两极分化的状况完全不符合可持续发展的原则。因此，要给世界各国以公平的发展权、公平的资源使用权，要在可持续发展的进程中消除贫困。各国拥有按其本国的环境与发展政策开发本国自然资源的主权，并负有确保在其管辖范围内或在其控制下的活动，不致损害其他国家或在各国管理范围以外地区的环境责任。二是代际间的公平即世代的纵向公平。人类赖以生存的自然资源是有限的，当代人不能因为自己的发展与需求而损害后代人满足其发展需求的条件——自然资源与环境，要给后代人以公平利用自然资源的权利。

（二）持续性原则

可持续发展有着许多制约因素，其主要限制因素是资源与环境。资源与环境是人类生存与发展的基础和条件，离开了这一基础和条件，人类的生存和发展就无从谈起。因此，资源的永续利用和生态环境的可持续性是可持续发展的重要保证。人类发展必须以不损害支持地球生命的大气、水、土壤、生物等自然条件为前提，必须充分考虑资源的临界性，必须适应资源与环境的承载能力。换言之，人类在经济社会的发展进程中，需要根据持续性原则调整自己的生活方式，确定自身的消耗标准，而不是盲目、过度地生产和消费。

（三）共同性原则

可持续发展关系到全球的发展。尽管不同国家的历史、经济、文化和发展水平不同，可持续发展的具体目标、政策和实施步骤也各有差异，但是，公平性和可持续性则是一致的。并且要实现可持续发展的总目标，必须争取全球共同的配合行动。这是由地球整体性和相互依存性所决定的。因此，致力于达成既尊重各方的利益，又保护全球环境与发展体系的国际协定至关重要。正如《我们共同的未来》中写的“今天我们最紧迫的任务也许是要说服各国，认识回到多边主义的必要性”，“进一步发展共同的认识和共同的责任感，是这个分裂的世界十分需要的”。这就是说，实现可持续发展就是人类要共同促进自身之间、自身与自然之间的协调，这是人类共同的道义和责任。

第二节 国内外可持续发展指标体系的研究进展

一、可持续发展指标体系

可持续发展是一个涉及社会、经济、自然多方面协调及综合发展的整体，只有这个整体的发展才是真正的可持续发展。如何对可持续发展进行定量评价是研究可持续发展的重要方面，其中建立评价指标体系是前提。然而，采用一个或几个指标往往难以较客观的评价可持续发展过程，而需要根据描述对象的特点，从不同的侧面、不同的层次进行考察和评价，同时考虑时间的变化，建立一整套指标体系，才能满足定量评价可持续发展过程的要求。

（一）可持续发展指标体系的涵义

可持续发展指标体系是以可持续发展的基本原则为基础，结合所描述对象的特点，能够定量评价所描述对象可持续发展过程的指标集合。这种指标集合是不同侧面、不同层次有关指标的有机组合，而不是指标的简单拼凑和堆砌，适用于对复杂系统的多指标综合评价。多指标综合评价，是指把多个描述被评价事物不同方面、不同层次且不同量纲的统计指标，转化为无量纲的相对评价值，并综合这些评价值以得出被评价事物一个整体评价的方法系统。

（二）可持续发展指标体系应具备的条件与功能

1. 可持续发展指标体系必须具备的条件

（1）能够描述和表征出某一时刻发展的各个方面的现状；

（2）能够描述和反映某一时刻发展的各个方面的变化趋势；

（3）能够描述和表征发展的各个方面的协调程度。

2. 可持续发展指标体系应具备的功能

（1）描述功能：能反映系统目前的社会、经济和环境的基本状况；

（2）解释功能：能提供分析系统的客观现象和产生原因的逻辑线索及有关数据；

（3）评价功能：能对实际发展状况、政策、措施做出客观评价；

（4）监测功能：能监测发展过程出现的问题及其程度；

（5）预测功能：能观测发展趋势，为制定政策和预防措施提供服务。

二、国外可持续发展指标体系研究进展

自《我们共同的未来》中第一次提出了可持续发展概念以来，可持续发展的基本维数从最初的粮食安全、满足人类基本需求、人口增长、生态系统的能力等，扩展到包括技术支持和机构管理等满足当代和后代需求。20 世纪 80 年代以来，尤其是 1992 年联合国环境与发展大会之后，各国际组织、各国政府和学术团体对如何度量可持续发展状况日益关注。近年来，许多国际组织如世界银行、学术团体等从经济的、生态环境的、社会的角度对可持续发展指标体系的理论研究和实验操作方面做了不少的工作，取得了一些成果和经验，形成了一些比较有影响的指标体系。

（一）联合国开发计划署（UNDP）的“人文发展指数（HDI）”

联合国开发计划署（UNDP）1990 年提出的人文发展指数（HDI）是对人类可持续发展的一种度量。HDI 是由平均预期寿命、成人识字率和按购买力平价（PPP）计算的人均国内生产总值（GDP）的对数等 3 个指标分别换算成指数，然后计算算术平均值而得到。

平均预期寿命采用出生时的估计寿命，这是一个综合状况反映，代表着社会福利、保健措施和社会保障体系的完善程度。成人识字率采用一个国家的文盲率，它也是一个综合指标，代表着发展的基础能力、科技进步能力、信息扩散能力和自然保护能力的程度。生活质量采用扣除购买力因素的人均国内生产总值（GDP）。

GDP 的国家平均值，通常反映资源的分配状况以及国内财富的

平均水平。从 HDI 与人均 GDP 比较看，HDI 不仅能反映国家或区域的经济与收入水平，而且能反映居民的素质水平，能够综合反映国家或区域的社会发展水平。但其仍然存在一些不足，一是它没有反映资源、环境的状况与影响情况，没有提及环境的退化、自然资源的消耗及其对经济社会发展的影响等问题；二是它在测算中用发达国家贫困线水平的平均收入作为最大值缺乏科学的理论基础。因而 HDI 不太适宜做可持续发展的评估尺度。

（二）联合国可持续发展委员会的 DSR 模型

1996 年，由联合国可持续发展委员会、联合国政策协调与可持续发展部（UNCSD）牵头，联合国统计局、联合国开发计划署、联合国环境规划署（UNEP）、联合国儿童基金会和亚太经社理事会等机构和组织参与并共同提出了可持续发展指标体系 DSR 模型。该指标体系在“经济、社会、环境和机构四大系统”概念模型和“驱动力—状态—响应”概念模型的基础上，结合《21 世纪议程》中的有关内容提出了一个初步的可持续发展新指标框架。在 DSR 模型中，驱动指标用以表明那些造成发展不可持续的人类活动、消费模式或经济系统的一些因素；状态指标用以反映可持续发展过程中各系统的状态：响应指标用以表明人类为促进可持续发展进程所采取的对策。

该指标体系共由 33 个指标构成，指标间环环相扣，逻辑性较强，尤其突出了环境受到的压力和环境退化之间的因果关系，与可持续发展的环境指标之间的关系较密切，这也可以从整个指标体系中对环境指标的倚重反映出来。但对于社会和经济指标，这种分类方法不可能得到其所希望的因果关系，即在“驱动力指标”和“状态指标”之间缺乏逻辑上的必然联系，并且指标的归属存在很大的模糊性和不合理之处，从整体上看，指标体系的结构失衡，还需做一定的完善和改进。

（三）世界银行的新国家财富指标

1995 年 9 月，世界银行公布了其所建构的可持续发展指标体系。该指标体系以国家财富作为度量各国可持续发展的依据，并把国家财富分解为四个部分，以此判断各国或地区的实际财富以及可持续能力随时间的动态变化。这四个部分分别是自然资本、生产资本、人力资源和社会资本，它们共同构成了人类发展的基本条件。

自然资本，是指大自然赋予人类的财富，包括土地、水、牧场、森林及地下资源（如石油、天然气、黄金和矿石）的价值等。这些资产为生产和生活提供了有用的产品和服务，是人类生存和发展的基础。

生产资本，又称产品资本或人造资本，是国家经济计划规划中的重要变量，是人类过去生产活动积累起来的财富，包括所使用的机器、工厂、基础设施（如供水系统、公路、铁路）等形式所体现的价值，它是物质财富的直接体现，是经济活动的主要成果。可持续发展是在不过度消耗自然资源和破坏环境的前提下追求最大的经济产出。

人力资本，又称人力资源，指人们对自身教育、健康和营养的投资，即以人为主体（教育、营养、医疗）所反映的价值。人是一切活动的主体。近几十年来，人们已逐渐认识到了人力资源的重要性，以及对人的投资所具有的高回报率。

社会资本，是参与社会经济活动的个人之间存在着相互影响的关系，而且通过一定的形式组织起来，也是决定经济和社会发展的重要因素，是将生产资本、自然资本和人力资本结合起来并使其发生作用的介质。社会资本是指一系列的规范、网络和组织，其关键特性是促进成员为共同的利益进行协调和合作，是以集体形式出现的家庭、团体和社会组织之类的人员组织和结构生产的价值，也是财富计算的内容之一。

除社会资本外，该指标体系还对其他三种资本的估算提出了具体的估算方法。但整个指标体系中生产资本占据国家真正财富的份额不超过 20%，它并不认同绝大多数国家以生产资本为财富的首要标准的观点，而是认为组成国家财富的要素还有长期以来被忽视的自然资本、人力资源等，尤其人力资本的投资，是促进国家和区域发展的最重要因素，也是维系可持续发展的基本条件。

世界银行新国家财富指标体系将财富指标由流量转向存量，扩大了财富的范围，可以比较真实地反映各种财富在经济社会发展中的作用，但其对社会资本的估算尚处于研究阶段，整个指标体系还缺乏完整性、系统性和实用性，并且由于世界各地的差异性较大，各国、各地区的实际财富也难以计算。

（四）环境问题科学委员会（SCOPE）的指标体系

为了克服由 UNCSD 提出的可持续发展指标体系中指标数目过多的缺陷，SCOPE 和 UNEP 合作，提出了一套高度合并的可持续发展指标体系。对于环境指标，SCOPE 认为必须和人类的活动相联系，所以提出了人类活动和环境相互作用的概念模型，即人类活动和环境存在着以下四个基本的相互作用：

① 环境为人类社会活动提供如矿物、食品、木材等资源，在这一过程中，人们消耗着人类继续生产所依赖的资源和生物系统（如土壤）；

② 自然资源被用来转化成产品和能量，这些产品和能量使用后将被散逸和抛弃，产生污染和废物，并最终被返回到自然环境，这里环境起着“纳污处”的作用；

③ 自然系统提供了必需的生命支持系统的服务功能，如分解有机废弃物，营养物质的循环，氧气的产生和支持着各种各样的生命；

④ 空气和水污染所造成的环境条件直接地影响着人类的福利。

（五）美国政府的可持续发展指标体系

1993 年 5 月，美国在时任总统克林顿支持下成立了总统可持续发展委员会。1996 年该委员会提交了名为《可持续发展的美国》的研究报告，针对美国的国情，规定了可持续发展的原则，即一个可持续发展的美国应该是经济不断增长，从而为当今美国人民及其子孙后代提供平等的机会，确保他们拥有一个安全、健康、高质量和令人满意的生活。并在增加工作职位、生产能力、进行改革、减少各种不平等、进一步保护环境、科技革新、加强社团作用等 16 项可持续发展的原则基础上，提出了美国追求可持续发展的十大国家目标，即健康与环境、经济繁荣、平等、保护自然、资源管理、持续发展的社会、公民参与、人口、国际责任、教育。在每一个发展目标下都设计了若干指标来描述和反映该目标的发展变化状况。从整个指标体系来看，指标的分布不甚平衡，社会、环境方面的指标多，而经济方面的指标少，以追求可持续发展的十大目标来划分指标体系过于繁琐，并且该指标体系只是针对美国的国情制定的，不适宜向世界各国推广。

（六）英国政府的可持续发展指标体系

1994 年，英国政府依据可持续发展战略目标提出了一个可持续发展的指标体系。其目标有四个：① 保持经济健康发展，提高生活质量，同时保护人类健康和环境；② 不可再生资源必须优化利用；③ 可再生资源必须可持续地利用；④ 必须使人类活动对环境承载力所造成的损害及对人类健康和生物多样性构成的危险最小化。在每一个大目标下又包含几个专题，共 21 个专题。每一个专题下面又包括若干关键目标和关键问题，在关键目标和问题下再选择关键指标，共计 120 多个指标。该指标体系依据可持续发展的战略目标设置，有助于监测战略目标的实现进程，也有助于完成联合国可持续发展委员会交给的任务，同时将公众的注意力集中于关键问题上，从而使企业、个人时时考虑到其行为可能对环境造成的影响。可持续发展要求发展的效益与环境成本相协调，但由于目前没有共同的变量基础，英国政府制定的指标体系还只能度量环境和经济的变化，不能直接解决协调性问题。

（七）生态足迹法

生态足迹（Ecological Footprint）是由著名生态经济学家 Rees 教授及其学生 Wackernagel 教授和 Wada 博士提出并加以发展的。生态足迹就是能够持续地提供资源或消纳废物的、具有生物生产力的地域空间。

针对不同的研究层次，生态足迹可以是个人的、区域的、国家的甚至是全球的。其含义就是要维持一个人、地区、国家或者全球的生存，以及吸纳人类活动产生的废弃物所需要的、具有生物生产力的地域面积。

它将资源供给和消耗统一到一个全球一致的面积指标，使可持续发展的衡量真正具有区域可比性。通过相同的单位比较人类的需求和自然界的供给，评估的结果清楚地表明在所分析的每一个时空尺度上，人类对生物圈所施加的压力及其量级。生态足迹既能够反映出个人或地区的资源消耗强度，又能够反映出区域的资源供给能力和资源消耗总量。通过生态赤字或生态盈余清楚地反映出个人或区域对于全球生态环境变化的贡献，从另一个角度向我们描述了谁应该对目前的全球生态危机负有更大的责任。

生态足迹取决于人口规模、物质生活水平、技术条件和生态生产力。其政策含义是简明的，至少暗示着控制人口增长速度以减少新增人口的资源消耗，这在资源贫瘠的地区更为重要；提倡新式的生态生活方式和生态消费方式，减少资源消费；通过循环利用、节能技术等措施，高效利用资源和生态服务；要提高自然资源的生物生产力，也就是提高单位面积的生物产量或生态服务功能。

（八）持续发展经济福利模型（WMDS）

1989 年，由西方著名学者赫曼・戴利和约翰・库伯设计的持续发展经济福利模型，是一个考虑较为全面的福利指标，它不仅考虑平均消费，也考虑分配和环境退化的因素，并力图解释全球气候变暖后资源分配和环境退化的因素、全球臭氧层破坏等带来的大规模和长期的破坏效果。该指标的考虑因素相当全面，计算也比较复杂，但它仅仅依靠少数几个国家的资料，其所列出的项目在发展中国家几乎没有统计数据，根本无法使用。

（九）人文活动强度指标（HAI）

以色列希伯莱大学的道夫尼尔在 1983 年提出，运用发展度和感应度测量和计算人群对区域的作用。他建议使用城市人口百分比表达发展度，使用文盲人数的百分比表达人对自然演替缺乏知识的感应度。在此基础上，运用联合国 1977 年的统计年鉴及联合国科教文组织 1977 年统计年鉴，对世界上有代表性的 37 个国家作了详细的分析。分析指出，城市人口百分比与文盲人数百分比呈负相关性。为了尽可能地做出有效的评价，用 UP 代表城市人口百分比，DN 代表文盲人数百分比，以（UP-DN） /2 为一种社会指标。若该平均值低于 50%，说明地理环境相对安全；若高于 50%，则应采取有效的措施保护地理环境，说明人为的作用已大大超过地理环境的容忍度，长此下去必然引起环境质量的下降。

三、国内可持续发展指标体系研究进展

20 世纪 90 年代以来，我国学术界在开展对可持续发展理论研究的同时，也对可持续发展指标体系进行了研究。起初的重点放在可持续发展指标的概念、原则、框架构想等方面，后来的许多研究在此基础上进一步提出了有关可持续发展指标体系具体指标内容的各种设想，同时对可持续发展状况进行定量评价。

（一）国家统计局统计科学研究所和中国 21 世纪议程管理中心联合提出的可持续发展指标体系

1996 年，中国国家统计局统计科学研究所和中国 21 世纪议程管理中心联合成立课题组研究国家级“可持续发展指标体系”，认为可持续发展指标体系从大的领域看包括经济、社会、人口、资源、环境及科教六大部分，其基本框架为：① 经济：总量水平、结构、

效益、能力；② 资源：水、土地、森林、海洋、草地、矿产、能源、综合利用；③ 环境：水、土壤、大气、固体废物、噪声、生物多样性、自然资源与环境保护；④ 社会：贫困、就业、人民生活、卫生健康、社会保障；⑤ 人口：规模、结构、素质；⑥ 科教：投入、发展程度。该课题组把可持续发展指标体系分为描述性指标和评价性指标。描述性指标具体反映某种现象的状况，具有元素性、基础性。每个描述性指标都有不同的计量单位，以综合反映某一层次或某一方面的情况。这类指标共有 196 个，其中经济 38 个，资源 51 个，环境 48 个，社会 32 个，人口 13 个，科教 14 个。评价性指标对可持续发展的各方面、各层次的指标进行综合、汇总，最终形成一个总指数，以反映可持续发展各领域、各层次以及总体的趋势变化动态，这类指标共有 100 个，其中经济 19 个，资源 20 个，环境 28 个，社会 17 个，人口 8 个，科教 8 个。

（二）国家环保总局可持续发展指标体系

国家环境保护总局环境工程评估中心在“社会主义市场经济下环境统计指标体系与规范化研究”中将环境统计指标体系分为经济社会发展、环境质量、自然资源污染状况与控制、环境管理五大部分，每一部分下再分中类、小类以及具体指标。

1999 年，国家环保总局“可持续发展指标体系”课题组以三明市和烟台市为例研究真实储蓄率的计算方法，构建了一个可持续发展指标框架。该研究得到的结论是：真实储蓄有比较明确的政策含义，容易被理解与接受，其基础数据较易获得，计算结果既可以横向比较（不同城市之间），也可以纵向比较（若干年的变化趋势），故真实储蓄不失为是一种比较实用的衡量可持续发展的系统化指标。

（三）中国科学院可持续发展指标体系

中国科学院可持续发展战略研究组按照可持续发展的系统学方法，独立地设计了一套“五级叠加，逐层收敛，规范权重，统一排序”的可持续发展指标体系。依照人口、资源、环境、经济、技术、管理相协调的基本原理，对有关要素进行了外部关联及内部自治的逻辑分析，并针对中国的发展特点和评判需要，把可持续发展指标体系分为总体层、系统层、状态层、变量层和要素层五个等级，分为生存支持系统、发展支持系统、环境支持系统、社会支持系统、智力支持系统 5 个一级指标。

中国科学院的可持续发展指标体系体现了可持续发展的本质与内涵，完整地体现了可持续发展“发展度、协调度、持续度”三者的统一，依序编制了“从生存到发展，从人与自然的关系到人与人之间的关系，从现状到未来”的数量特征，尽量避免了人为主观的弊端，同时对可持续发展在时间与空间的拟合方面作出了重要的突破，具备了进一步从统计分析向逻辑建构，并最终实现函数表达的可能性。

（四）中新天津生态城指标体系

该指标是中国和新加坡合作建设生态城而设立的一个指标体系。中新天津生态城指标体系运用生态经济、生态社会、生态环境、生态文化的新理念，旨在节地节水、节能减排、生态宜居等规划理念和建设标准方面实现突破，通过对生态城规划的引导，将生态城建设成体现“科学发展观和生态文明”城市的典范。建设“生态、环保、节能、自然、宜居、和谐的人居环境”，使中新天津生态城成为可持续发展的典范。

该指标体系分解实施体系内容包括生态环境健康、社会和谐进步、经济蓬勃高效、区域协调融合四个方面的 22 条控制性指标及 4 条引导性指标。

（五）其他有代表性的可持续发展指标体系

国家发展和改革委员会国土开发与地区经济研究所“中国可持续发展指标体系研究”课题组把可持续发展指标分为两种类型，即外延指标和内在指标。外延指标分为两种，一是自然资源存量，二是固定资产存量。内在指标由外延指标派生，包括时间函数和状态函数两种。该课题组认为衡量中国可持续发展的指标有社会发展指标、经济发展指标、资源指标、环境指标以及非货币指标，所有这些构成中国可持续发展的评估指标体系。其中社会 23 个，经济 18 个，资源 6 个，环境 20 个，非货币指标 12 个。

清华大学 21 世纪发展研究院建立的长白山地区可持续发展指标体系，将可持续发展总水平分为系统发展水平和系统协调性两方面，前者包括资源潜力、经济绩效、社会生活质量、生态环境质量四个主题，后者包括资源转换效率、生态环境治理力度、经济发展相关性三个主题。

中国科学院地理科学与资源研究所毛汉英在《山东省可持续发展指标体系初步研究》一书中将可持续发展指标体系分为经济增长、社会进步、资源环境支持、可持续发展能力四大部分，每一部分再下分指标，每一分指标再下分指标类别，在指标类别下列具体指标，共计 15 大类，90 个指标。

四、各指标体系的优缺点

（一）指标体系的优点

可持续发展指标体系与其他测定城市发展的单项指标和复合指标相比，最大的优点就是能够全面系统地描述城市生态系统在经济、环境、社会以及体制等方面的运行和发展状况，而不是仅仅关注城市中经济领域或环境领域的发展。

（二）指标体系存在的问题和不足

目前各指标体系中，指标的选取原则和计算方法主要是表明在当前主流价值观（类似弱可持续性的概念）的前提下，城市是否可持续发展。因此，目前各可持续发展体系的指标将主要用于作为检验城市是否可持续发展的指示器，以服务于对当前政策的调整。但从长期来看，如代际尺度来看，强可持续发展才是可持续发展的目标。

另外，部分指标体系的权重的确定是由主观人为来决定。从计算方法来看，可持续发展能力的准确计算的实现是不充分的，不能够很准确地反映城市可持续发展能力。

第三节　克拉玛依市可持续发展指标体系的构建

一、克拉玛依可持续发展指标体系构建的必要性

（一）全球气候变暖带来的经济增长模式转变要求

作为一个负责任的发展中国家，自 1992 年联合国环境与发展大会以来，中国政府率先组织制定了《中国 21 世纪议程——中国 21 世纪人口、环境与发展白皮书》，并根据国情采取了一系列政策措施，为减缓全球气候变化作出了积极贡献。

2009 年 11 月 15 日，国家主席胡锦涛出席亚太经济合作组织第十七次领导人非正式会议，围绕如何“促进持续增长”发表重要讲话时强调，中国将同国际社会携手合作、同舟共济，合力应对挑战，努力寻求包容性、可持续、平衡的经济增长，支持多边贸易体制健康发展，携手应对气候变化挑战，积极推动区域经济一体化，共同应对非传统安全威胁。

中国提出要着眼长远，促进可持续增长。统筹考虑当前增长和长远发展，在推动经济恢复增长的同时，优化能源结构，推进产业升级，大力发展绿色经济，培育新的经济增长点，为经济可持续增长创造条件。发达成员应该向发展中成员提供资金、技术转让、能力建设支持，发展中成员应该立足实际，努力探索符合自身情况和发展阶段的可持续增长道路。

（二）资源型城市转型的迫切需要

中国共有资源型城市 118 座，占全国城市总数的 18%，资源型城市发展状况涉及国家资源安全、经济安全、生态环境安全和社会安全。资源型城市的经济转型与创新，无论对资源型城市本身，还是对整个国家可持续发展，都具有理论与现实意义。

为了促进资源型城市转型，实现资源型城市可持续发展，国务院出台了《关于促进资源型城市可持续发展的若干意见》。加快资源型城市经济转型是国家作出的一项重大发展战略，是贯彻落实科学发展观，推进产业优化升级和转变经济发展方式的一项重大举措。

克拉玛依属于以第二产业为主体的资源型城市，产业结构单一，2009 年第二产业增加值为 416 亿元，占 GDP 比重高达 86.7%，克拉玛依经济增长与国际油价和石化产品供求密切相关，城市经济结构自身调整的弹性很小。由于结构单一，抗风险能力也弱。实现可持续发展是克拉玛依市未来发展必须解决的一个问题。

（三）克拉玛依落实科学发展观的战略要求

中国共产党十六届三中全会提出了科学发展观。科学发展观是坚持以人为本，全面、协调、可持续的发展观。主要是提高经济增长的质量和效益，努力实现速度和结构、质量、效益相统一，经济发展和人口、资源、环境相协调，不断保护和增强发展的可持续性。

科学发展观提出要正确把握当代发展与可持续发展的关系。可持续发展观主要包括两点：一要发展，二要持续。经济社会发展一定要充分考虑人口承载力、资源支撑力、生态环境和社会承受力。既要考虑当前发展的需要，又要考虑未来发展的需要；既要满足当代人的利益，又不能牺牲后代人的利益；既要遵循经济规律，又要遵循自然规律；既要讲究经济社会效益，又要讲究生态环境效益。要全面降低发展成本，坚决改变以破坏生态环境为代价来谋求发展的做法，改变不顾质量和效益，以大量消耗自然、人文和经济资源为代价来支撑发展的做法，改变轻视政治文明的做法，实现经济社会与人口、资源、环境相协调，走生产发展、生活富裕、生态良好的文明发展之路，绝不能“吃祖宗的饭，断子孙的路”。

落实科学发展观，实现克拉玛依市可持续发展是克拉玛依市政府的使命，也是克拉玛依市民的需求。

二、克拉玛依市可持续发展指标体系构建的思路

（一）指标体系选取原则

科学合理的指标体系是系统评价准确可靠的基础和保证，也是正确引导系统发展方向的重要手段。因此，指标体系的建立受学科领域、地缘差异和研究方法的影响，必须遵循一定的原则，而不能是一组任意指标的简单堆砌。综合多方观点并进行分析提炼，基于可持续发展内涵的广泛性以及克拉玛依石油城市的实际情况，克拉玛依城市可持续发展评价指标体系的构建应遵循以下原则：

1. 系统科学性原则

评价指标体系必须能够全面反映资源型城市可持续发展的各个方面，并使评价目标和评价指标有机联系起来，形成一个层次分明的整体。指标体系的建立应符合资源型城市发展演化的客观规律，且能够反映出可持续发展的科学内涵，力求避免主观臆造。指标选取应符合统计规范，数据来源稳定。指标体系应大小适宜，粗而不失描述系统目标的主体本质特征，细而不失建立和规划实施可能性，达到内部逻辑清晰、合理。

2. 简明可行性原则

从资料获取和数据处理角度看，评价指标体系应力求简单、明了。要选择那些概括性强、所代表的信息量大、容易获取的指标。在强调指标间有机联系的同时，应避免指标之间的交叉与重复，以

降低信息的冗余度，指标体系要全面但不可包罗万象。指标体系最终供决策者使用，为政策制定和科学管理服务，因此，要充分考虑数据取得和指标量化的难易程度，尽量利用和开发统计部门现有的公开资料，以利于指标体系的运用和掌握。

3. 动态引导性原则

克拉玛依市的可持续发展，既是一个目标，又是一个过程，因此，评价指标体系应充分反映资源型城市动态变化的特点，体现出资源型城市的发展趋势。指标体系一方面能反映资源型城市发展状态；另一方面能在时间尺度上刻画资源型城市可持续发展的能力强弱。为此，要使指标体系的建立具有描述、监测、预警和评估功能，通过它实现资源型城市运行模式的选择和调控，以引导资源型城市沿着预定的目标发展。

4. 标准通用性原则

指标体系的建立，应努力追求标准统一，以克服由于指标体系混乱所带来的无法在同一基础上进行对比分析的混乱局面。指标选取的统一不仅有利于数据的收集和加工处理，而且也便于实际使用。指标体系的标准通用性主要包括以下几点。

（1）政策相关性与信息综合能力强。政策相关性强意味着指标体系要对决策者有实实在在的支持与指导作用，能够描述城市的社会环境状况、环境所受到的压力以及社会的响应，并与已有的政策目标相关。信息综合能力强是指指标体系能全面反映城市生态系统的各个方面，符合生态可持续发展的目标内涵。可持续发展是一个很广泛的概念，这就要求指标体系要有足够的涵盖面，但受操作性的制约，指标体系的规模不宜太大，因此，所选指标应当具有尽可能大的集成度，系统反映城市生态系统的主要特征及各子系统之间的相互关系。

（2）基础数据的可靠性高、灵敏度强。所选指标应是客观存在的而不是主观臆造的。指标的物理意义明确，测定方法标准，统计方法规范，能够反映可持续发展的内涵和目标的实现程度。而且，指标对经济、环境和相关人类活动的变化反应灵敏。

（3）有可比性与可接受性。指标体系应符合空间上和时间上的可比原则，尽量采用可比性较强的相对量指标和具有共性特征的可比指标。同时还应明确各指标的涵义、统计口径和范围，确保可比性。可接受性则指各指标清晰易懂，能被政府官员和专业人士所理解和接受。

（4）数据可得、简易且成本尽可能低。指标体系所需的信息必须是可得的，且指标概念明确，计算方法简便，获取成本低廉。

（5）有一定的前瞻性与导向性。利用指标体系进行综合评价，不仅要反映城市目前的状况，也要通过表述过去和现状资源、经济、社会和环境各要素之间的关系，借以指示城市未来的发展方向。

（二）指标体系构建方法

指标体系的构建过程是一个从具体到抽象再到具体的辩证逻辑思维过程，是人们对现象总体数量特征的认识逐步深化、逐步求精、逐步完善、逐步系统化的过程。建立一套科学合理的指标体系可分为以下三个环节：理论准备、指标体系初选、指标体系的优化。

选择克拉玛依市可持续发展指标体系的标准可以简单归纳如下：

（1）因指标数量有限，应该具有尽可能大的集成度，并可以集中体现该区域的发展特色；

（2）必须具有明确的要求，指标选择在一定程度上是为了使指标易于表述；

（3）在可能的情况下，指标的实际开发过程必须同已有的政策目标和必需的标准相关；

（4）指标必须是可以证实和重复的。

（三）指标体系的系统设计

可持续发展的目标是和谐公平和生活富裕的社会。因此，城市的经济发展能力和城市社会公平和谐是这个系统的核心，社会公平和谐是系统发展的最终目标，同时也是手段。经济发展能力是中间目标和实现最终目标的手段。环境和资源支持系统是经济子系统和社会子系统的基础。与其他研究有所区别的是我们把体制、管理和政策单独作为一个子系统，以体现体制、管理和政策对可持续发展的调节。这与可持续发展评估的目的，即如何促进可持续发展是一致的。

（四）指标体系的组成

我们把可持续发展指标分为内部源动力和外部推动力。内力是可持续发展的主要因素，是可持续发展的源动力，外力是可持续发展的辅助因素，是外部推动力。

可持续发展的内部源动力又分为：经济发展力、创新推动力、社会保障力、基础设施支撑力、生态环保力和管理推动力。外部推动力分为领导支持和项目资金推动。

克拉玛依可持续发展指标体系结构如图 3-1 和表 3-1 所示。

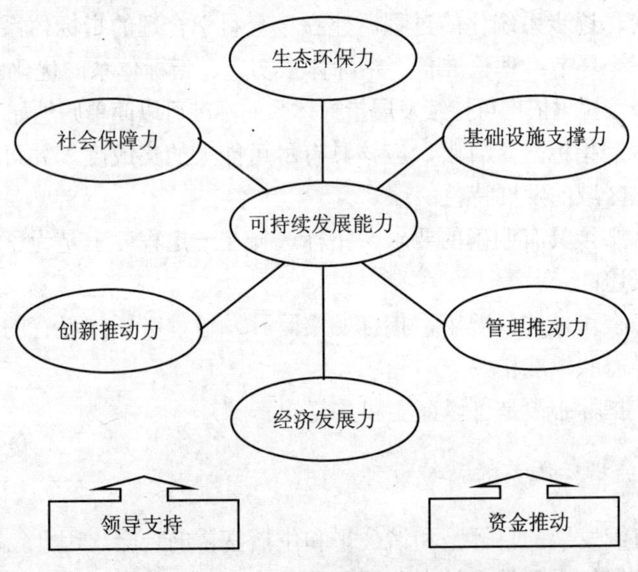

图 3-1 克拉玛依可持续发展指标体系结构图

表 3-1　克拉玛依可持续发展指标体系

		指　标
内部源动力	经济发展力	人均固定资产投资额
		人均储蓄额
		人均财政收入
		非资源采掘业产值年均增长率
		人均社会商品零售总额
	创新推动力	万人专业技术人员数
		高新技术产业增加值占 GDP 比重
		研发经费占 GDP 比重
		非公经济比重
		获得国家级品牌城市数量
	社会保障力	城市登记失业率
		平均受教育年限
		平均预期寿命
		社会保障综合覆盖率
	基础设施支撑力	机场吞吐量
		万人铁路里程
		燃气普及率
		供水保证率
	生态环保力	万元 GDP 二氧化碳排放量
		万元 GDP 综合用水量
		万元 GDP 综合能耗
		城市垃圾无害化处理率
		绿化覆盖率
		工业废水处理率
		城市人均公共绿地面积
		全年二级以及好于二级天数
	管理推动力	万人提案数（包括人大、政协）
		提案办结率
		民事案件受理与刑事案件受理比率
		万元 GDP 死亡人数
		通过 ISO 质量认证体系企业数
		环保投入占 GDP 比重

		指　标
外部推动力	领导支持	国家级领导来指导工作次数和级别
		自治区、部级领导来指导工作次数和级别
	资金推动	中央投资年均额度
		新疆投资年均额度
		海外投资引进年均额度

第四节　克拉玛依市可持续发展指标体系测算与评价

一、指标筛选与数据来源

在上一节，我们构建了克拉玛依可持续发展指标体系。但由于部分指标数据很难获得，我们对相关指标进行了取舍和修正（表 3-2）。

数据主要参考《克拉玛依统计年鉴 2006》,《克拉玛依统计年鉴 2009》,《中国城市统计年鉴 2006》,《中国城市统计年鉴 2009》。

表 3-2　克拉玛依可持续发展指标体系（修正后）

	指标	单位	2005 年	2008 年
经济发展力	GDP 增长速度	%	8.8	9.8
	人均 GDP	元/人	88 562	100 216
	人均财政收入（地方）	元/人	8 134	10 706
	人均固定资产投资总额	元/人	44 169	61 438
	人均社会商品零售总额	元/人	7 257	9 918
创新推动力	万人专业技术人员数	人	2.08	2.56
	研发投入占 GDP 比例	%	22.5	26.3
社会保障力	城市登记失业率	%（逆指标）	2	2
	社会保障综合覆盖率	%	98	99
	城市化率	%	98.56	98.97
基础设施支撑力	万人电信业务总量	万元	365.16	1 159.53
	人均城市道路面积	m^2/人	17.85	20.79

	指标	单位	2005 年	2008 年
生态环保力	单位 GDP 能耗（以标煤计）	t/万元（逆指标）	1.1	1.8
	单位 GDP 用水量	t/万元（逆指标）	63.1	17.03
	建成区绿化覆盖率	%	39.35	42.67
	城市生活污水处理率	%	91.5	91
	生活垃圾无害化处理率	%	63.4	93.28
管理推动力	荣获品牌城市	个	1	3
外部推动力	万人项目数	个	0.24	0.26
	万人引进外资额	万美元	18.62	49.20

二、数据处理与测算结果

(一) 标准的确定

本指标体系借鉴联合国开发计划署（UNDP）计算人类发展指数（HDI，Human Development Index）的方法。首先，选择两个标准，一个是最低标准，一个是最高标准，来度量指数的赋值（表 3-3）。

表 3-3　克拉玛依市可持续发展标准

	指标	最低标准	最高标准	选择理由
经济发展力	GDP 增长速度	人口自然增长率	发展最快国家和地区移动平均增长率	经济发展必须高于人口自然增长率，这是可持续发展的最低标准
	人均 GDP	680 元（100 美元）	中等发达国家水平	联合国人文发展指数标准
	人均财政收入（地方）	0	中等发达国家水平	发达国家基本实现了收入可持续发展
	人均固定资产投资总额	0	中等发达国家水平	发达国家基本实现投资可持续发展
	人均社会商品零售总额	0	中等发达国家水平	发达国家基本实现了消费可持续发展

	指标	最低标准	最高标准	选择理由
创新推动力	万人专业技术人员数	0	发达国家水平	发达国家基本实现了科技创新的可持续发展
	研发投入占GDP比例	0	发达国家水平	发达国家基本实现了科技创新的可持续发展
社会保障力	城市登记失业率	＜5%	0	5%是国际公认的警戒线，高于此数据社会将出现动乱
	社会保障综合覆盖率	0	100%	社会保障最高标准是实现覆盖全社会的保障
	城市化率	0	80%	工业化时期国际公认的英格尔斯标准
基础设施支撑力	万人电信业务总量	0	发达国家水平	发达国家基本实现了基础设施建设的可持续
	人均城市道路面积	0	发达国家水平	发达国家基本实现了基础设施建设的可持续
生态环保力	单位GDP能耗	分省最高能耗水平	发达国家水平	发达国家基本实现了生态保护
	单位GDP用水量	分省最高水耗水平	发达国家水平	发达国家基本实现了生态保护
	建成区绿化覆盖率	0	45%	国家生态园林城市标准，我国城市绿化带最高标准
	城市生活污水处理率	0	100%	最高标准是实现全部污水的处理
	生活垃圾无害化处理率	0	100%	最高标准是实现全部垃圾的处理
管理推动力	荣获品牌城市	0	获得最多城市品牌的个数	我国总共有品牌城市7个，但有些品牌城市是不能同时评选的

	指标	最低标准	最高标准	选择理由
外部推动力	万人引进项目数	0	全国最高水平	见注 1
	万人引进外资额	0	全国最高水平	见注 1

注：1. 根据区域经济学研究成果，目前我国区域经济发展的格局是“一个中国，四个世界”。第一世界是如上海、北京、深圳等高收入发达地区。1999 年上海和北京人均 GDP 分别为 15 516 美元和 9 996 美元，明显高于世界上中等收入国家平均 8 320 美元的水平，分别达到高收入国家收入水平的 63.5%和 40.9%。上海、北京两市人口约占中国总人口比重的 2.2%。第二世界是大中城市和沿海地区上中等收入地区。天津、广东、浙江、江苏、福建、辽宁等沿海省份人均 GDP 均高于世界下中等收入国家 3 960 美元的平均水平，而低于上中等收入国家水平，这六省市人口占中国总人口比重的 21.8%。第三世界是下中等收入地区，包括沿海地区的河北，东北、华北中部部分地区，人均 GDP 均低于下中等收入国家平均水平，居世界第 100～139 位，人口占中国总人口的 26%。第四世界是如中西部贫困地区、少数民族地区、农村地区、边远地区和低收入地区。中国目前约有一半以上的地区属于第四世界，排名在世界第 140 位之后，人口占中国人口总数的一半。

过去 20 年，中国是世界上人均 GDP 增长率最快的国家之一。1913 年中国人均 GDP 仅相当于美国的 13.0%；1950 年降至 6.4%；1973 年为 7.1%。但到 2000 年则迅速上升为 23.0%，成为 1973－2000 年期间与美国人均 GDP 相对差距缩小幅度最大的国家之一。如果将中国 31 个省市自治区（港、澳、台除外）的人均 GDP 增长率与世界各国比较，人均 GDP 增长率最快的前 10 名地区中，中国就占了 9 个地区。

我们认为，中国的最高发展水平，代表世界发展的最高水平，也代表可持续发展的较高标准。

2. 不同年份的经济发展力指标、万人电信业务量和万人引进外资额最低标准和最高标准进行了增长的修正（即剔除年平均增长率）。品牌城市的最高标准进行了年份的修正。

（二）测算方法

1. 定量计算可持续发展指标的计算公式

$$S=\sum\left[(S_i-\min X/\max X-\min X)\right]$$

式中：S 代表可持续发展指数；S_i 代表某一指标的实际值；X 代表标准值；i 代表指标序号。

2. 逆指标处理方法

由于逆指标是指标实际值越低，表示该指标反映的实际情况越好，我们对上述进行了修改，修改公式如下：

$$S=\sum\left[(\max X-S_i)/(\max X-\min X)\right]$$

3. GDP 指标处理方法

按照国际上通用的方法进行处理。我们把指标计算公式修改如下：

$$S=\sum\left[(\ln GDP-\ln\min GDP)/(\ln\max GDP-\ln\min GDP)\right]$$

（三）测算结果

根据最低标准和最高标准，综合运用上述计量方法，我们得到克拉玛依可持续发展的测算结果（表 3-4）。

表 3-4　克拉玛依市可持续发展能力测试结果

	指标	2005 年得分	2008 年得分
经济发展力	GDP 增长速度	0.58	0.63
	人均 GDP	0.60	0.67
	人均财政收入（地方）	0.52	0.59
	人均固定资产投资总额	0.51	0.61
	人均社会商品零售总额	0.47	0.55
创新推动力	万人专业技术人员数	0.21	0.26
	研发投入占 GDP 比例	0.56	0.66
社会保障力	城市登记失业率	0.60	0.60
	社会保障综合覆盖率	0.98	0.99
	城市化率	0.98	0.99
基础设施支撑力	万人电信业务总量	0.54	0.58
	人均城市道路面积	0.71	0.83
生态环保力	单位 GDP 能耗	0.72	0.61
	单位 GDP 用水量	0.35	0.74
	建成区绿化覆盖率	0.87	0.95
	城市生活污水处理率	0.92	0.91
	生活垃圾无害化处理率	0.63	0.93
管理推动力	荣获品牌城市	0.50	0.75
外部推动力	万人项目数	0.24	0.26
	万人引进外资额	0.54	0.70

汇总各项总分，按照世界人文发展指数汇总方法，加总平均，得到分析结果如表 3-5 所示。

表 3-5　克拉玛依市可持续发展能力汇总结果

	2005 年得分	2008 年得分
经济发展力	0.536	0.61
创新推动力	0.385	0.46
社会保障力	0.853	0.86
基础设施支撑力	0.625	0.706
生态环保力	0.698	0.828
管理推动力	0.50	0.75
外部推动力	0.39	0.48
总分	0.57	0.67

三、结果分析

（一）克拉玛依市可持续发展指标总体对比分析

引入国外等级评定指标，0.85 以上（含 0.85）为 A，表示优秀；0.75～0.85（含 0.75）为 B，表示良好，0.60～0.75（含 0.60）为 C，表示及格，0.60 以下为 D，表示不及格。对克拉玛依可持续发展能力进行分析，结果如表 3-6 所示。

表 3-6　克拉玛依市可持续发展能力分等评定

	2005 年得分	等级	2008 年得分	等级	两年得分差	两年得分比
经济发展力	0.536	D	0.61	C	0.074	1.14
创新推动力	0.385	D	0.46	D	0.075	1.19
社会保障力	0.853	A	0.86	A	0.007	1.01

	2005 年得分	等级	2008 年得分	等级	两年得分差	两年得分比
基础设施支撑力	0.625	C	0.706	C	0.081	1.13
生态环保力	0.698	C	0.828	B	0.13	1.19
管理推动力	0.5	D	0.75	B	0.25	1.50
外部推动力	0.39	D	0.48	D	0.09	1.23
总分	0.57	D	0.67	C	0.1	1.18

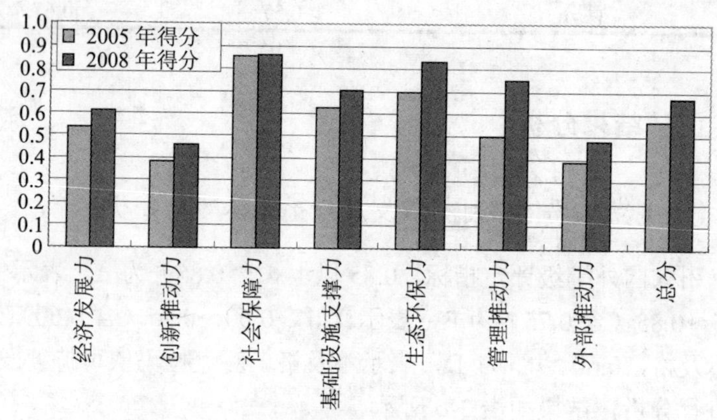

图 3-2 克拉玛依市可持续发展能力汇总

总体来看，克拉玛依 7 个推动力中 2005 年有 4 个不及格，2 个及格，1 个优秀，总体评价不及格，但接近及格水平。2008 年 7 个推动力有所改善，有 2 个不及格，2 个及格，2 个良好和 1 个优秀，总体评价及格，接近良好水平，说明克拉玛依可持续发展能力有所提高。

2005—2008 年克拉玛依可持续发展绝对能力提升了 0.1，从可持续发展等级 D 提升到等级 C，可持续发展相对能力提升了 18 个百分点。其中经济发展力、生态环保力和管理推动力实现了等级的提升，分别从 D 到 C，C 到 B 和 D 到 B，但应清醒认识到克拉玛依可持续发展能力还有很大的提升空间。

2005—2008 年可持续发展能力较好的是社会保障力、生态环保力和管理推动力，分别达到了优秀和良好水平。可持续发展能力不足的是创新推动力和外部推动力，这两个动力都处于及格线以下的水平。

可持续发展能力绝对量提升快的是管理推动力和生态环保力，分别是 0.25 和 0.13。可持续发展能力相对量提升最快的是管理推动力和外部推动力，分别高于平均增长率 32 个百分点和 23 个百分点。说明克拉玛依市委和市政府在推进城市管理方面做了大量的工作；在生态建设和生态环保方面克拉玛依有了很大的改善；同时，克拉玛依在招商引资方面的工作也取得了一定的成效。可持续发展能力提升最慢的是社会保障力，这是由于克拉玛依社会保障方面基础很好，进一步提升空间有限。

（二）克拉玛依市可持续发展能力分项对比分析

克拉玛依市可持续发展能力分项对比数据分别见图 3-3 和表 3-7。

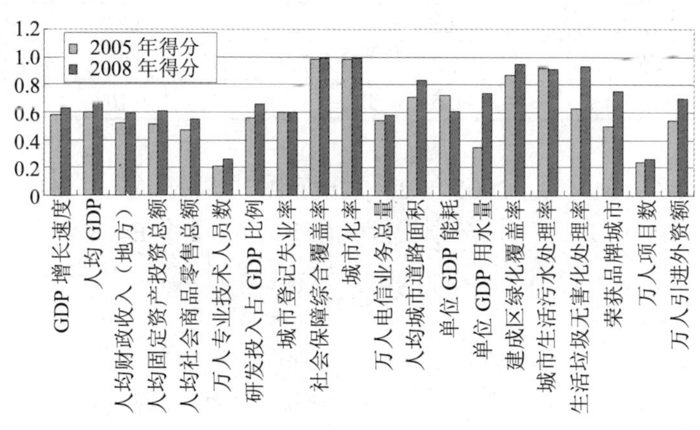

图 3-3　克拉玛依市可持续发展能力分项对比

表 3-7 克拉玛依市可持续发展能力分项对比

指标	2005 年得分	等级	2008 年得分	等级	两年差值	两年比值
GDP 增长速度	0.58	D	0.63	C	0.05	1.09
人均 GDP	0.6	C	0.67	C	0.07	1.12
人均财政收入（地方）	0.52	D	0.59	D	0.07	1.13
人均固定资产投资总额	0.51	D	0.61	C	0.1	1.20
人均社会商品零售总额	0.47	D	0.55	D	0.08	1.17
万人专业技术人员数	0.21	D	0.26	D	0.05	1.24
研发投入占 GDP 比例	0.56	D	0.66	C	0.1	1.18
城市登记失业率	0.6	C	0.6	C	0	1.00
社会保障综合覆盖率	0.98	A	0.99	A	0.01	1.01
城市化率	0.98	A	0.99	A	0.01	1.01
万人电信业务总量	0.54	D	0.58	D	0.04	1.07
人均城市道路面积	0.71	C	0.83	B	0.12	1.17
单位 GDP 能耗	0.72	B	0.61	C	-0.11	0.85
单位 GDP 用水量	0.35	D	0.74	C	0.39	2.11
建成区绿化覆盖率	0.87	A	0.95	A	0.08	1.09
城市生活污水处理率	0.92	A	0.91	A	-0.01	0.99
生活垃圾无害化处理率	0.63	C	0.93	A	0.3	1.48
荣获品牌城市	0.5	D	0.75	B	0.25	1.50
万人项目数	0.24	D	0.26	D	0.02	1.08
万人引进外资额	0.54	D	0.7	C	0.16	1.30

从各专项来看，2005 年 20 个指标中，有 4 个 A，1 个 B，4 个 C，11 个 D。2008 年各分项指标中有 5 个 A，2 个 B，8 个 C，5 个 D。2005—2008 年，不及格指标由 55%下降到 25%，优良率由 25%提升到 35%。

其中，指标表现较好的是：社会保障综合覆盖率、城市化率、建成区绿化覆盖率、城市生活污水处理率。指标表现相对较差的是：万人专业技术人员数和万人引进项目数。

可持续发展能力提升最快的是单位 GDP 用水量，生活垃圾无害化处理率和荣获品牌城市 3 个指标，分别提升 110 个百分点、48 个百分点和 50 个百分点。可持续发展能力提升较慢的是单位 GDP 能耗、城市污水处理率和城市登记失业率。其中后两个指标提升较慢是由于原有基础较好。

（三）克拉玛依市可持续发展能力预测

2008 年克拉玛依可持续发展能力比 2005 年有一定的提升，我们运用增长曲线对克拉玛依未来可持续发展进行预测，来分析克拉玛依未来可持续发展的路径选择。

分析方法采用经济增长 Logistic 曲线方程。

$$\hat{Y}=K/(1+a\mathrm{e}^{-bt})$$

我们把 2005 年和 2008 年数据代入方程进行拟合。

最后我们绘制拟合图，如图 3-4 所示。

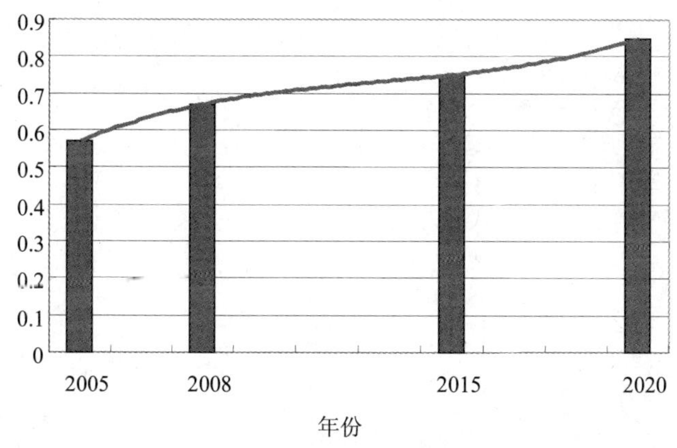

图 3-4 克拉玛依市可持续发展能力预测拟合图

通过 Logistic 增长曲线拟合，我们得出：到 2015 年，克拉玛依可持续发展能力接近 0.75，达到良好水平下限；到 2020 年，克拉玛依可持续发展能力达到 0.85，达到优秀水平下限。

（四）克拉玛依市可持续发展能力提升“三步走”战略

通过上述分析，我们提出克拉玛依市未来可持续发展能力“三步走”战略。第一步是找差距，打基础阶段（2010—2012 年）。用三年时间，基本消除七个推动力中不及格的创新推动力和外部推动力两个指标，实现克拉玛依可持续发展能力的整体提升。第二步是快速发展阶段（2013—2015 年），促使克拉玛依可持续发展各项推动力快步提升，基本达到可持续发展良好等级，克拉玛依可持续发展水平达到良好。第三步是全面提升阶段（2016—2020 年），这个阶段是克拉玛依可持续全面发展阶段，各项推动力互相促进，克拉玛依可持续发展达到优秀水平。

第四章
克拉玛依与国内其他石油城市可持续发展能力比较研究

第一节　主要样本城市概貌

一、大庆

大庆位于黑龙江省西部，松嫩平原中部，是一座以石油、石化和高科技产业著称的新兴城市，是祖国北方一颗璀璨的明珠，被誉为“绿色油化之都，天然百湖之城，北国温泉之乡”。大庆，是中国最大的陆上油田和重要的石油化工基地，世界第十大油田。50 年来，累计为国家贡献原油 20 多亿吨，上缴利税 1.7 万亿元人民币，出口创汇 500 多亿美元；富有活力的农牧业和以高新技术产业为龙头的地方经济蓬勃发展，在国家统计局全国城市综合实力评比中名列第 19 位。

大庆，是一座生态园林型城市，湖在城中、城在绿中。先后荣获联合国改善居住环境范例奖和中国人居环境范例奖，并获得中国内陆首家“环保模范城市”。2008 年被评为“全国卫生城市（内陆第九十五家）”，2009 年年初被评为“全国文明城市”（全国第二批），为黑龙江唯一坐拥这两项殊荣的城市。现已拥有 6 所大学、10 所示范高中、近百个科研院所，正逐步成为中国北方的文化名城。

大庆市是“世界能源伙伴城市（WECP）”的成员，也是国际上公认的石油城市、中国的石油之都。近年来大庆市和 WECP 各成员伙伴城市一起，共同探索资源型城市尤其是石油资源型城市的转型与发展。2001 年大庆市成功承办了世界能源伙伴城市年会。

世界石油文化公园位于大庆市让胡路区西湖街，占地 2.8 km^2，是我国唯一的石油主题公园。该公园以石油文化为主旋律，整个园区共占地 280 万 m^2，公园有 8 个功能区：生态园林区、现代文化娱乐及服务区、生态农业示范区、纪念林区、苗圃果园区、管理区和防护景观林带。有 8 万 m^2 的湖塘水域和与之相连的河渠、渔池、灌渠，建成了诸如仿南浦钢索斜拉大桥、伊斯兰古堡桥和象桥、石拱桥等 12 座形状不同，大小不一的桥梁；建起了具有欧洲式、中东式和非洲式产油国的典型景观建筑；堆砌了高 24 m 的“石油山”、人工峭壁和瀑布；还广植了 60 多个品种、总数达 30 万株的树木，果园、苗圃和防风林已经初具规模。

二、盘锦

辽宁省盘锦市是 1984 年经国务院批准建立的省辖市，位于辽河冲积平原的最南端，地势平坦，景观独特，资源丰富。可谓物华天宝，被称作美丽、富饶的辽河金三角。盘锦位于辽宁沿海经济带的主轴和渤海翼的重要战略位置，是一座宜居、宜游、宜商的魅力城市。

这里地下蕴藏着丰富的石油和天然气，油气储量占全国已探明总储量的 10%，是我国第三大油田——辽河油田所在地，也是全国最大、世界第四大特种油生产基地。辽河油田累计探明石油储量 21 亿 t，天然气 1 784 亿 m^3。

盘锦自然景观比较优美，可谓特色天成。平原地貌、稻田、苇海、草原、井架、红海滩、珍稀鸟类与河流交织成美丽壮观的图画，使这里成为旅游观光、回归大自然的理想之地。盘锦人文景观别具一格，可谓人文荟萃。这块土地曾孕育了著名爱国将领张学良将军，他的祖茔以及他亲手创办的新民小学遗址都在盘锦境内。辽河碑林是全国唯一的辽代碑林。盘锦交通便捷，区位优势明显。京沈（北京—沈阳）高速公路、盘海（盘锦—海城）高速公路和秦沈（秦皇岛—沈阳）高速铁路均从境内穿过。盘锦，将成为辽宁的重要交通枢纽。

盘锦境内有连片水田、滩涂等资源，是辽宁省重要的商品粮、优质大米和水产品基地。有世界第一大苇田，是重要的造纸、建材原料基地。农业五色工程（以水稻生产为主的绿色工程，以水产养殖为主的蓝色工程，以水果栽培为主的红色工程，以大棚菜为主的白色工程，以黄牛饲养为主的黄色工程）推进了现代农业进程。工业经济迅速发展壮大，全市初步建成了天河、渤海、兴隆三个工业区，形成了以石油、化工为主要支柱的产业基础和工业体系。在全国工业 500 强中，盘锦已有辽河油田、辽宁华锦化工集团跻身其中。第三产业和对外开放迈出新步伐，非公有制经济发展速度加快，对拉动经济增长、促进结构升级发挥了重要作用。城乡建设日新月异，城市基础设施日趋完善，服务辐射功能不断增强，是全国创建文明城市工作先进市和省级园林城市。

三、松原

松原是一座年轻的城市，是 1992 年经国务院批准建立的地级市，位于吉林省中西部，地处哈尔滨、长春、大庆三角地带，松嫩平原南端，坐落在美丽的松花江畔。入选 2009 年中国魅力中小城市 200 强（排名第 29 位），2009 年中国东北十大魅力城市（排名第六）。2007 年度评选为国家园林城市。入选 2006 年跨国公司眼中最具投资潜力的中国城市（排名第 19 位）。与包头、呼和浩特、鄂尔多斯一起被称为“中国北方经济增长四小龙”。2003—2009 年，松原市 GDP 年均增长 22.8%，在东北区域 41 座城市经济增长最快的 10 座城市排名榜单中高居首位。经济总量位居全省第三。

松原资源丰富，风光秀丽，特产富饶。松原幅员辽阔，地上地下资源富集，素有“粮仓、肉库、渔乡、油海”之美誉。资源特点可以用“一黑、一黄、一绿、一白”来概括。一黑，就是地下有以石油为主的丰富的矿产资源，其中石油总储量达 26 亿 t，已探明储量 10.8 亿 t，天然气储量 185 亿 m^3，油母页岩储量 80 亿 t，中国陆上第六大油田——吉林油田就坐落在松原。一黄，就是松原地处世界黄金玉米带上，是全国重要的商品粮基地，盛产玉米、大豆等作物，常年粮食产量在 500 万 t 以上，最高年产量达 580 万 t。一绿，就是松原地处世界三大草原之一的科尔沁草原和松嫩平原的交会处，是欧亚草原带延伸的东端，也是吉林省草原比较集中、面积较大的地区之一，全市有草原面积 53 万 hm^2。一白，就是境内有“三江、一河、一湖”（第一松花江、第二松花江、嫩江、拉林河、查干湖），江河总径流量 398 亿 m^3，总流域面积 8 012 km^2，有可养鱼水面 100 万亩。

四、东营

东营市是万里黄河入海的地方，是共和国最年轻的城市。1983 年成立地级市。1961 年 4 月，华北石油勘探处在东营村打出了胜利油田的第一口油井，这个城市也以这个村子而命名。东营别称为石油之城、生态之城、东方湿地之城、黄河水城等。

东营市是中国第二大油田——胜利油田所在地，产业涵盖石油勘探、钻采、管道输送、石油化学品和石油工程技术服务等各领域。东营市是全国最集中的石油装备制造业区域，该市石油机械制造企业发展到 150 多家，主营业务收入占到全国该行业的 1/3。从国际形势来看，今后相当长的一个时期内，石油能源仍将是世界的主要能源。石油装备产业将进入新一轮快速发展期。东营市 2008 年举办了中国（东营）国际石油装备与技术展览会，目的是以展会为平台，促进东营石油装备企业与国际石油巨头间的合资合作。

东营市南部广饶县（齐国乐安）是古代大军事家、兵圣孙武的故里，东营区牛庄镇时家村是吕剧的发源地，东营市历史博物馆（广饶）存有最早的中译本《共产党宣言》。北部是黄河冲积的新生淤地——黄河三角洲。这里是中国第二大油田——胜利油田驻地，是济军基地，是中国石油大学（华东）驻地。这里有丰富的石油、天然气资源，还有丰富的海洋资源。这里有亚洲最大的地上人工湖——天鹅湖，山东省最大的城市公园——东营清风湖公园。南部的广饶县是东营市第一个进入全国百强县的县。目前东营市正在进行广利河改造工程，提出了“回归河流”的规划理念：广利河回归成为具有生态景观功能的城市河流；中心城回归成为与河流联系密切的和谐关系；重新塑造人与水的关系——从“索取”到“回馈”，让河流成为一条健康的河流，与城市共同发展。

东营市的城市建设形成了自己独特的风格，具有“散”、“新”、“雅”的特色。“散”，即东营市是在石油矿区的基础上建设城镇的，城市布局具有“组团式”特色，不同规模的城镇如“大珠小珠落玉盘”一般分布在黄河三角洲上；“新”，即东营市城市建设时间短，投入大，速度快，很多城镇完全是按规划在一片不毛之地拔地而起，没有老城改造的包袱，城市面貌新；“雅”，即东营市的城市建设规划起点高，布局合理，风格独特，其“大水面、大空间、大绿化”的构思和“碧树环绕，绿树白楼”的格调，形成了清新隽雅的城市风貌，博得海内外人士的一致好评。2002 年被联合国工发组织确认为“国际绿色产业示范区”。东营还是世界能源城市伙伴组织成员。2003 年，东营市被国家环保总局认定为国家环境保护模范城市。

第二节　部分石油城市可持续发展能力评价

一、经济发展力

（一）数据分析与模型结果

经济发展力原始数据如表 4-1 所示。

表 4-1　经济发展力原始数据（2008 年）

	人均储蓄余额/元	人均社会消费品零售总额/元	人均固定资产投资额/元
克拉玛依市	40 390.18	6 984.63	61 309.79
松原市	7 929.32	3 341.70	19 495.60
东营市	30 117.52	15 865.55	47 497.22
大庆市	26 442.00	11 631.80	21 763.75
盘锦市	30 203.76	8 298.09	28 407.00

数据来源：《2009 年中国城市统计年鉴》。

将数据进行标准化得到表 4-2。

表 4-2　经济发展力标准化数据

	人均储蓄余额	人均社会消费品零售总额	人均固定资产投资额
克拉玛依市	1.127	−0.528	1.418
松原市	−1.608	−0.893	−0.897
东营市	0.261	1.342	0.653
大庆市	−0.048	0.587	−0.771
盘锦市	0.269	−0.008	−0.403

采用主成分分析软件分析后得出主成分方差如表 4-3 所示。

表 4-3　经济发展力主成分方差

<table>
<tr><th rowspan="2">主成分</th><th colspan="3">初始特征值</th><th colspan="3">提取成分的平方负荷</th></tr>
<tr><th>总和</th><th>变量百分比/%</th><th>累计百分比/%</th><th>总和</th><th>变量百分比/%</th><th>累计百分比/%</th></tr>
<tr><td>1</td><td>1.791</td><td>59.685</td><td>59.685</td><td>1.791</td><td>59.685</td><td>59.685</td></tr>
<tr><td>2</td><td>1.021</td><td>34.033</td><td>93.171</td><td rowspan="2">1.021</td><td rowspan="2">34.033</td><td rowspan="2">93.171</td></tr>
<tr><td>3</td><td>0.188</td><td>6.283</td><td>100</td></tr>
</table>

注：使用方法为主成分分析法。

由表 4-3 可知主成分个数为 2 时，累计贡献率为 93.171%，大于 85%，因此分别取前 2 个作为第一主成分 F_1，第二主成分 F_2。

这两个主成分的初始因子载荷阵如表 4-4 所示。

表 4-4　经济发展力主成分初始因子载荷阵

Z 值	主成分	
	1	*2*
Z_1：人均储蓄余额	0.950	0.067
Z_2：人均社会消费品零售总额	0.112	0.991
Z_3：人均固定资产投资额	0.936	−0.187

注：使用方法为主成分分析法（2 个主成分被提取）。

特征向量值如表 4-5 所示。

表 4-5　经济发展力主成分

Z 值	主成分			
	1	*2*	*A1*	*A2*
Z_1：人均储蓄余额	0.950	0.067	0.710	0.067
Z_2：人均社会消费品零售总额	0.112	0.991	0.084	0.981
Z_3：人均固定资产投资额	0.936	−0.187	0.699	−0.185

注：使用方法为主成分分析法。

主成分函数的表达式如下：

$$F_1 = 0.71 \times Z_1 + 0.084 \times Z_2 + 0.699 \times Z_3$$

$$F_2 = 0.067 \times Z_1 + 0.981 \times Z_2 - 0.185 \times Z_3$$

最后，利用主成分函数，综合主成分公式

$$F = 0.597 \times F_1 + 0.34 \times F_2$$

可以求出几个城市的主成分值和综合主成分值，如表 4-6 所示。

表 4-6 主要石油城市的经济发展力主成分值和综合主成分值

	F_1	F_2	F	排名
克拉玛依市	1.706	−1.196	0.612	2
松原市	−1.844	−0.817	−1.379	5
东营市	0.755	1.213	0.863	1
大庆市	−0.525	0.715	−0.070	4
盘锦市	−0.092	0.085	−0.026	3

（二）分析与评价

克拉玛依在经济发展力方面排名第二，与排名第一的东营差距不大。说明克拉玛依经过几十年的发展，在可持续建设方面积累了很好的经济基础。

从指标考察来看，主要是人均社会消费品零售总额指标偏低，说明克拉玛依在服务业方面发展相比其他国内石油城市滞后，同时也滞后于自身人均经济发展水平。大力发展服务业应该是克拉玛依经济发展力方面的主要因素。

二、创新推动力

（一）数据分析与模型结果

创新推动力原始数据如表 4-7 所示。

表 4-7 创新推动力指标（2008 年）

	科技教育支出占财政支出比例/%	万人专业技术人员数/（人/万人）
克拉玛依市	0.263	3
松原市	0.194	1
东营市	0.240	4
大庆市	0.219	19
盘锦市	0.143	2

数据来源：《2009 年中国城市统计年鉴》。

将数据进行标准化得到表 4-8。

表 4-8　创新推动力指标标准化数据

	Z（科技教育支出占财政支出比例）	Z（万人专业技术人员）
克拉玛依市	1.110	−0.444
松原市	−0.394	−0.661
东营市	0.611	−0.200
大庆市	0.161	1.765
盘锦市	−1.488	−0.460

采用主成分分析软件分析后得出主成分方差和初始因子载荷阵如表 4-9 和表 4-10 所示。

表 4-9　创新推动力主成分方差

主成分	初始特征值			提取成分的平方负荷		
	总和	变量百分比/%	累计百分比/%	总和	变量百分比/%	累计百分比/%
1	1.153	57.65	57.65	1.153	57.65	57.65
2	0.847	42.35	100			

注：使用方法为主成分分析法。

表 4-10　创新推动力主成分初始因子载荷阵

Z 值	主成分
	1
Z_4：科技教育支出占财政支出比例	0.759
Z_5：万人专业技术人员	0.759

注：使用方法为主成分分析法（1 个主成分被提取）。

由表 4-9 和表 4-10 可知，一个主成分可以表述所有的信息。

特征向量值如表 4-11 所示。

表 4-11 创新推动力主成分特征向量值

Z 值	主成分	
	1	A1
Z_4：科技教育支出占财政支出比例	0.759	0.751
Z_5：万人专业技术人员	0.759	0.751

注：使用方法为主成分分析法。

主成分函数的表达式如下：

$$F_1=0.751\times Z_4+0.751\times Z_5$$

利用主成分函数，综合主成分公式

$$F=0.577\times F_1$$

我们可以求出几个城市的主成分值和综合主成分值，如表 4-12 所示。

表 4-12 主要石油城市的创新推动力主成分值和综合主成分值

	F_1	F	排名
克拉玛依市	0.500	0.288	2
松原市	−0.792	−0.457	4
东营市	0.309	0.178	3
大庆市	1.446	0.834	1
盘锦市	−1.462	−0.844	5

（二）分析与评价

在创新推动力方面，克拉玛依排名第二。从指标来看，科技教育支出占财政支出比例这个指标克拉玛依领先于其他 4 个城市，说明克拉玛依市政府对科教方面的重视。2006 年和 2009 年，克拉玛依先后获得了国家科技进步城市和全国科技进步示范（县）市。

在创新推动力方面，克拉玛依还应该发掘的潜力是万人科技人员数。相比大庆来说，还存在不少差距，部分原因是大庆当地有几所高校，具有得天独厚的优势。克拉玛依应该在科技人才引进方面再接再厉，吸引更多的人才来参与克拉玛依的建设。

三、社会保障力

（一）数据分析与模型结果

社会保障力原始数据如表 4-13 所示。

表 4-13　社会保障力指标（2008 年）

	城镇登记失业率/%	万人医生数/人
克拉玛依市	2.00	27
松原市	2.53	14
东营市	1.90	26
大庆市	4.10	23
盘锦市	2.62	19

数据来源：《2009 年中国城市统计年鉴》，2009 年山东、新疆、吉林、黑龙江、辽宁统计年鉴。

由于城镇登记失业率为逆指标，我们用就业率来对数据进行处理，如表 4-14 所示。

表 4-14　社会保障力指标处理

	城镇就业率/%	万人医生数/人
克拉玛依市	98.000	27
松原市	72.579	14
东营市	85.941	26
大庆市	73.523	23
盘锦市	76.712	19

将数据进行标准化得到表 4-15。

表 4-15 社会保障力指标标准化数据

	Z（城镇就业率）	Z（万人医生数）
克拉玛依市	1.556	0.962
松原市	−0.820	−1.471
东营市	0.429	0.790
大庆市	−0.732	0.209
盘锦市	−0.434	−0.491

采用主成分分析软件分析后得出主成分方差和初始因子载荷阵如表 4-16 所示。

表 4-16 社会保障力主成分方差

主成分	初始特征值			提取成分的平方负荷		
	总和	变量百分比/%	累计百分比/%	总和	变量百分比/%	累计百分比/%
1	1.775	88.773	88.773	1.775	88.773	88.773
2	0.225	11.227	100			

注：使用方法为主成分分析法。

表 4-17 社会保障力主成分初始因子载荷阵

Z 值	主成分
	1
Z_6：城镇就业率	0.942
Z_7：万人医生数	0.942

注：使用方法为主成分分析法（1 个主成分被提取）。

由表 4-17 可知，一个主成分可以表述所有的信息。

特征向量值如表 4-18 所示。

表 4-18 社会保障力主成分特征向量值

Z 值	主成分	
	1	*A*1
Z_6：城镇就业率	0.942	0.707
Z_7：万人医生数	0.942	0.707

注：使用方法为主成分分析法。

主成分函数的表达式如下：

$$F_1=0.707\times Z_6+0.707\times Z_7$$

利用主成分函数，综合主成分公式

$$F=0.888\times F_1$$

我们可以求出几个城市的主成分值和综合主成分值，如表 4-19 所示。

表 4-19　主要石油城市的社会保障力主成分值和综合主成分值

	F_1	F	排名
克拉玛依市	1.027	1.581	1
松原市	−0.935	−1.439	5
东营市	0.497	0.766	2
大庆市	−0.213	−0.328	3
盘锦市	−0.377	−0.581	4

（二）分析与评价

在社会保障力方面，由于克拉玛依市委市政府的重视，社会保障力排名第一，遥遥领先于其他 4 个城市。但我们也应该清醒地认识到，克拉玛依农业人口较少，而其他 4 个城市都有不少的农业人口。就市区的社会保障力来说，可能克拉玛依与其他 4 个城市的差距没有那么大。

克拉玛依应该充分利用和发挥社会保障负担较轻的优势，率先在全国建立全覆盖、高标准的社会保障体系，包括医疗、教育、住房、养老、贫困救助等各项福利保障。同时基于这个优厚的社会保障，促进引进外地的优秀人才和激发本地人才的创造性和主观能动性，为产业结构优化升级创造良好条件，并形成经济社会互相促进、良性互动的发展局面。

四、基础设施支撑力

（一）数据分析与模型结果

基础设施支撑力原始数据如表 4-20 所示。

表 4-20　基础设施支撑力指标（2008 年）

	万人影剧院数/个	万人电信业务总量/万元	万人货运总量/万 t
克拉玛依市	0.026	1 159.529	43.682
松原市	0.014	380.336	10.811
东营市	0.098	809.165	31.685
大庆市	0.079	776.731	12.935
盘锦市	0.023	696.594	41.912

数据来源：《2009 年中国城市统计年鉴》。

将数据进行标准化得到表 4-21。

表 4-21　基础设施支撑力指标标准化数据

	Z_8（万人影剧院数）	Z_9（万人电信业务总量）	Z_{10}（万人货运总量）
克拉玛依市	−0.586	1.418	0.991
松原市	−0.900	−1.379	−1.114
东营市	1.316	0.160	0.223
大庆市	0.827	0.044	−0.978
盘锦市	−0.657	−0.244	0.878

采用主成分分析软件分析后得出主成分方差如表 4-22 所示。

表 4-22　基础设施支撑力主成分方差

主成分	初始特征值			提取成分的平方负荷		
	总和	变量百分比/%	累计百分比/%	总和	变量百分比/%	累计百分比/%
1	1.681	56.041	56.041	1.681	56.041	56.041
2	1.089	36.295	92.336	1.089	36.295	92.336
3	0.230	7.664	100			

注：使用方法为主成分分析法。

由表 4-22 可知主成分个数为 2 时，累计贡献率为 92.336%，大于 85%，因此分别取前 2 个作为第一主成分 F_1，第二主成分 F_2。

这两个主成分的初始因子载荷阵如表 4-23 所示。

表 4-23　基础设施支撑力主成分初始因子载荷阵

Z 值	主成分	
	1	*2*
Z_8：万人影剧院数	0.053	0.986
Z_9：万人电信业务总量	0.923	0.208
Z_{10}：万人货运总量	0.909	−0.269

注：使用方法为主成分分析法（2 个主成分被提取）。

特征向量值如表 4-24 所示。

表 4-24　基础设施支撑力主成分特征向量值

Z 值	主成分			
	1	*2*	*A1*	*A2*
Z_8：万人影剧院数	0.053	0.986	0.041	0.945
Z_9：万人电信业务总量	0.923	0.208	0.712	0.199
Z_{10}：万人货运总量	0.909	−0.269	0.701	−0.258

注：使用方法为主成分分析法。

主成分函数的表达式如下：

$$F_1=0.041\times Z_8+0.712\times Z_9+0.701\times Z_{10}$$

$$F_2=0.945\times Z_8+0.199\times Z_9-0.258\times Z_{10}$$

最后，利用主成分函数，综合主成分公式

$$F=0.56\times F_1+0.36\times F_2$$

我们可以求出几个城市的主成分值和综合主成分值，如表 4-25 所示。

表 4-25　主要石油城市的基础设施支撑力主成分值和综合主成分值

	F_1	F_2	F	排名
克拉玛依市	1.681	−0.527	0.752	1
松原市	−1.800	−0.838	−1.310	5
东营市	0.324	1.218	0.620	2
大庆市	−0.620	1.042	0.028	3
盘锦市	0.415	−0.895	−0.090	4

（二）分析与评价

从基础设施支撑力上看，克拉玛依市排名第一位。这与克拉玛市政府对于市政基础设施的大力投入分不开。克拉玛依市形成了比较完备的交通电信和物流网络，对于克拉玛依可持续发展是非常有促进作用的。

同时也应该清醒地看到，克拉玛依市还有可以改进的地方。万人影剧院数这个指标偏低，处于 5 个城市中的第三位，这也从一个侧面反映了克拉玛依市第三产业的发展还滞后于经济发展。

五、生态环保力

（一）数据分析与模型结果

生态环保力原始数据如表 4-26 所示。

表 4-26　生态环保力指标（2008 年）

	工业固体废弃物综合利用率/%	城镇生活污水处理率/%	生活垃圾无害化处理率/%	人均绿地面积/m^2
克拉玛依市	60.95	91.15	93.28	52.8
松原市	98.83	55.64	63	24.07
东营市	91.98	73.91	91.99	63.34
大庆市	88.47	85.49	85.16	48.97
盘锦市	85.89	53.58	91.25	32.98

数据来源：《2009 年中国城市统计年鉴》。

将表 4-26 数据进行标准化处理得到表 4-27。

表 4-27　生态环保力指标标准化数据

	Z_{11}（工业固体废弃物综合利用率）	Z_{12}（城镇生活污水处理率）	Z_{13}（生活垃圾无害化处理率）	Z_{14}（人均绿地面积）
克拉玛依市	−1.684	1.128	0.659	0.531
松原市	0.944	−0.958	−1.734	−1.292
东营市	0.469	0.115	0.557	1.200
大庆市	0.225	0.795	0.018	0.288
盘锦市	0.046	−1.079	0.499	−0.727

采用主成分分析软件分析后得出主成分方差如表 4-28 所示。

表 4-28　生态环保力主成分方差

主成分	初始特征值			提取成分的平方负荷		
	总和	变量百分比/%	累计百分比/%	总和	变量百分比/%	累计百分比/%
1	2.820	56.40	56.40	2.820	56.40	56.40
2	1.502	30.05	86.45	1.502	30.05	86.45
3	0.608	12.07	98.62	0.608	12.07	98.62
4	0.069	1.39	100	0.069	1.39	100
5	-5.7×10^{-16}	-1.1×10^{-14}	100			

注：使用方法为主成分分析法。

由表 4-28 可知主成分个数为 2 时，累计贡献率为 86.45%，大于 85%，因此分别取前 2 个作为第一主成分 F_1，第二主成分 F_2。

这两个主成分的初始因子载荷阵如表 4-29 所示。

表 4-29 生态环保力主成分初始因子载荷阵

Z 值	主成分			
	1	*2*	*3*	*4*
Z_{11}：工业固体废弃物综合利用率	－.0768	－0.251	0.578	0.115
Z_{12}：城镇生活污水处理率	0.833	0.518	0.189	0.043
Z_{13}：生活垃圾无害化处理率	0.872	－0.433	－0.130	0.187
Z_{14}：人均绿地面积	0.868	－0.117	0.468	－0.115
Z_{15}：绿化覆盖率	－0.147	0.985	0.046	0.075

注：使用方法为主成分分析法（4 个主成分被提取）。

特征向量值见表 4-30。

表 4-30 生态环保力主成分特征向量值

Z 值	主成分			
	1	*2*	*A1*	*A2*
Z_{11}：工业固体废弃物综合利用率	－.0768	－0.251	－0.457	－0.205
Z_{12}：城镇生活污水处理率	0.833	0.518	0.496	0.423
Z_{13}：生活垃圾无害化处理率	0.872	－0.433	0.519	－0.353
Z_{14}：人均绿地面积	0.868	－0.117	0.517	－0.095

注：使用方法为主成分分析法。

主成分函数的表达式如下：

$$F_1=-0.457\times Z_{11}+0.496\times Z_{12}+0.519\times Z_{13}+0.517\times Z_{14}$$

$$F_2=-0.205\times Z_{11}+0.423\times Z_{12}-0.353\times Z_{13}-0.095\times Z_{14}$$

最后，利用主成分函数，综合主成分公式

$$F=0.564\times F_1+0.300\times F_2$$

我们可以求出几个城市的主成分值和综合主成分值，如表 4-31 所示。

表 4-31　主要石油城市的生态环保力主成分值和综合主成分值

	F_1	F_2	F	排名
克拉玛依市	1.904	0.926	1.352	1
松原市	−2.545	0.778	−1.202	5
东营市	0.842	−1.183	0.120	3
大庆市	0.372	0.968	0.500	2
盘锦市	−0.573	−1.489	−0.770	4

（二）分析与评价

在生态环保力方面，克拉玛依市排名第一位。这与克拉玛依市最近几年的生态建设是分不开的。克拉玛依成功实现了引水工程以后，紧紧抓住这个机遇，在生态建设方面取得了巨大进步，在城区建立了一个西部绿洲和塞上江南。

同时，克拉玛依市应该认识到水是保持这个优势最大的基础。由于克拉玛依市是缺水城市，水资源十分宝贵，如何把有限的水资源合理分配到未来经济发展和生态建设需求上是一个比较大的挑战。

六、管理推动力

（一）数据分析与结果

表 4-32　主要石油城市荣获的品牌城市（2007—2009 年）

	获得品牌城市以及国际展会	得分	排名
克拉玛依市	中国优秀旅游城市、全国科技进步城市、国家园林城市、国家卫生城市	2	2
松原市	国家园林城市	0.5	4
东营市	国家环境保护模范城市、国际石油装备与技术展览会	1	3
大庆市	全国卫生城市、环保模范城市、全国文明城市、世界能源伙伴城市年会、联合国改善居住环境范例奖和中国人居环境范例奖	3	1
盘锦市	全国创建文明城市工作先进市	0.5	4

资料来源：地方政府网站和各省统计年鉴。

注：以一个荣誉按 0.5 分计算。

（二）分析与评价

在城市管理推动力上，克拉玛依市获得了国内大部分的城市荣誉，在城市管理推动力上做出了自己最大的努力。

但相比大庆市，还存在一些值得改进的地方：首先是在国际影响方面，大庆市成功申请到联合国改善人居范例奖，并承办了世界能源伙伴城市年会。这对其提升城市品牌，促进城市可持续发展具有很大的推动作用。大庆还建起了全球第一个石油主题公园，目前东营拟筹建一个类似的石油主题公园。克拉玛依作为全世界唯一一个以石油命名的城市，应该在提升城市品牌方面作出更大的努力。

七、外部推动力

（一）数据分析与模型结果

外部推动力原始数据如表 4-33 所示。

表 4-33　外部推动力指标（2008 年）

	万人项目数/个	万人引进外资额/万美元
克拉玛依市	0.26	49.20
松原市	0.02	31.93
东营市	0.14	97.63
大庆市	0.05	42.20
盘锦市	0.14	64.94

数据来源：《2009 年中国城市统计年鉴》。

将数据进行标准化后得到表 4-34。

采用主成分分析软件分析后得出主成分方差和初始因子载荷阵如表 4-35 和表 4-36 所示。

表 4-34　外部推动力指标标准化数据

	Z_{16}（万人项目数）	Z_{17}（万人引进外资额）
克拉玛依市	1.475	−0.312
松原市	−1.096	−0.986
东营市	0.165	1.580
大庆市	−0.745	−0.585
盘锦市	0.201	0.303

表 4-35　外部推动力主成分方差

主成分	初始特征值			提取成分的平方负荷		
	总和	变量百分比/%	累计百分比/%	总和	变量百分比/%	累计百分比/%
1	1.345	67.225	67.225	1.345	67.225	67.225
2	0.655	32.775	100			

注：使用方法为主成分分析法。

表 4-36　外部推动力主成分初始因子载荷阵

Z 值	主成分
	1
Z_{16}：万人项目数	0.82
Z_{17}：万人引进外资额	0.82

注：使用方法为主成分分析法（1 个主成分被提取）。

由表 4-35 和表 4-36 可知，一个主成分即可以表述所有的信息。特征向量值如表 4-37 所示。

表 4-37　外部推动力主成分特征向量值

Z 值	主成分	
	1	*A*1
Z_{16}：万人项目数	0.820	0.710
Z_{17}：万人引进外资额	0.820	0.710

注：使用方法为主成分分析法。

主成分函数的表达式如下：

$$F_1=0.71\times Z_{16}+0.71\times Z_{17}$$

利用主成分函数，综合主成分公式

$$F=0.672\times F_1$$

我们可以求出几个城市的主成分值和综合主成分值，如表 4-38 所示。

表 4-38 主要石油城市的外部推动力主成分值和综合主成分值

	F_1	F	排名
克拉玛依市	0.826	0.555	2
松原市	−1.478	−0.993	5
东营市	1.239	0.833	1
大庆市	−0.944	−0.635	4
盘锦市	0.358	0.241	3

（二）分析与评价

在外部推动力方面，克拉玛依市排名第二位。说明克拉玛依在外资引进方面取得了一定成绩。

我们比较的指标都是按人均来分析，由于克拉玛依市人口较少，掩盖了克拉玛依市外资引进的总额偏小这个事实。克拉玛依提出打造世界石油城市，这是一个走出去、引进来的宏伟战略，克拉玛依市应该在打造世界石油城市的指引下，争取引进比较大的外资项目来支撑未来克拉玛依市可持续发展。

八、综合评价

将各子系统的得分综合起来，我们可得到可持续发展总指数。计算结果及排序见表 4-39。

从总体来看，克拉玛依总的可持续发展能力排名第一位，其中 7 个可持续发展单项能力，克拉玛依取得了 3 个第一和 4 个第二。应该说相比国内其他石油城市，克拉玛依在可持续发展能力建设方面走在了前面。这与克拉玛依市领导的远见卓识和实施正确的发展战略是分不开的。

表 4-39　主要石油城市的可持续发展能力

	经济发展力	创新推动力	社会保障力	基础设施支撑力	生态环保力	管理推动力	外部推动力	综合可持续发展能力	排名
克拉玛依市	0.612	0.288	1.581	0.752	1.352	2	0.555	7.14	1
松原市	−1.379	−0.457	−1.439	−1.310	−1.202	0.5	−0.993	−6.28	5
东营市	0.863	0.178	0.766	0.620	0.120	1	0.833	4.38	2
大庆市	−0.070	0.834	−0.328	0.028	0.500	3	−0.635	3.329	3
盘锦市	−0.026	−0.844	−0.581	−0.090	−0.770	0.5	0.241	−1.57	4

但可持续发展建设是一个长期而艰巨的任务，克拉玛依应该在立足优势的基础上，同时对经济发展力、创新推动力和外部推动力进一步采取切实的措施，争取缩小与国内领先城市的差距，最后实现率先发展、跨越式发展和可持续发展。

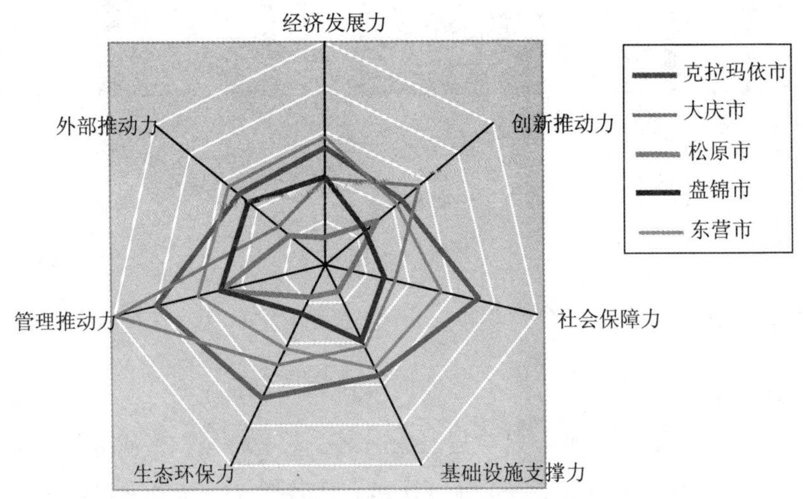

图 4-1　我国主要石油城市可持续发展能力雷达图

第三节　克拉玛依市可持续发展存在的问题与对策

一、与国内其他石油城市的差距与不足

（一）第三产业比重偏小，服务业不够发达

第三产业发达与否是现代经济社会一个特征。一个地区社会经济发达程度如何，可以部分通过第三产业发展水平体现出来。

2008 年，大庆市第三产业增加值占 GDP 的比例为 15%，盘锦为 17.3%，松原为 25%，东营为 22.2%，而克拉玛依只有 8.6%。可以说，克拉玛依第三产业的发展严重滞后于其经济发展水平（见图 4-2）。

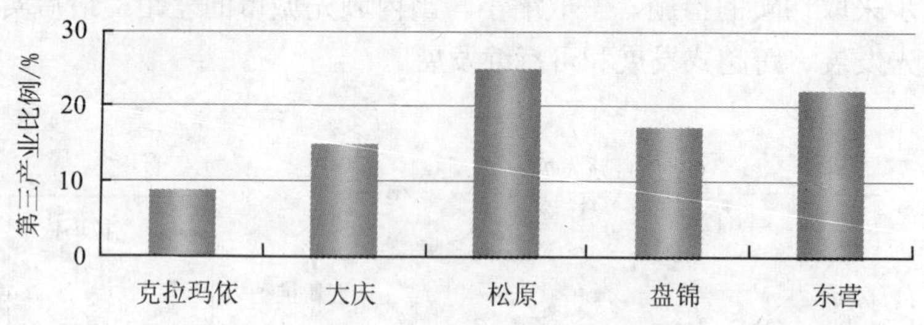

图 4-2　五个石油城市第三产业比例比较

服务业不发达的直接体现是人均社会消费品零售总额指标偏低，2008 年，克拉玛依这项指标只占东营的 2/5，为大庆的 3/5 左右。

（二）创新动力不足，高科技人才比重偏低

克拉玛依没有地方高校，人才的自生能力较弱。主要依靠外部引入。虽然克拉玛经济发展水平不低，但克拉玛依地处我国经济比较落后的西部地区，部分限制了克拉玛依市高科技人才的引进。高科技人才的不足导致创新和创意产业比重偏低。石油的替代产业发

展比较缓慢。

（三）城市品牌意识不够，国外影响较小

在城市品牌建设上，尽管克拉玛依获得了国内大部分的品牌城市荣誉和称号，但克拉玛依目前还没有获得国外的城市荣誉，也很少举办国际上影响比较大的各种会议。这部分与克拉玛依人口较少、经济总量和经济总影响力不够有关系。如何挖掘潜力、提升克拉玛依城市形象，是未来克拉玛依需要大力加强的一个重要方面。

二、提升克拉玛依市可持续发展能力的对策

（一）大力发展现代旅游服务业，促进金融、信息、物流等高端服务业发展

克拉玛依由于城市人口总体较少，在发展传统的服务业上存在一些瓶颈，如在扩大餐饮和娱乐方面存在规模不够经济的问题。解决办法是发展旅游业，带动外部人口进入，通过实现传统服务业的规模最优化来实现经济效益。

同时，要立足克拉玛依实际情况。克拉玛依经济基础良好，居民人均储蓄余额远高于其他城市。大力发展金融业，包括金融创新、石油期货对冲基金、民间托管基金和可持续发展基金以实现克拉玛依金融业的突破。依托克拉玛依市商业银行（昆仑银行）的特殊地位，延伸金融产业链，发展信托、保险等金融产业，建立石油金融总部基地。

依托克拉玛依“数字油田”技术，发展信息产业，开展油田管理软件外包业务。立足克拉玛依独特的地理区位，发展现代物流业：一个是依托石油和天然气管道优势来打造我国重要的能源物流节点；另一个是依托北疆边贸建设成为新疆西北部重要的物流节点。

（二）培养和引进人才，促进创新创意产业发展

人才是实现可持续发展最重要的资源，是关系未来克拉玛依成败的一个关键要素。

克拉玛依应该从两个方面来招揽人才。一方面是加强自身的培养，包括与大学及科研院所共同培养，最好是引进一所到两所高校，实现人才的自身培养体系；另一方面面向国内外招聘高端人才，通过高端人才的引进带动相关产业的发展，争取实现创新创意产业的突破。

（三）提升城市品牌，打造世界石油城市

城市品牌是城市的无形资产，是城市可持续发展的软实力。克拉玛依提出打造世界石油城市是朝城市品牌建设方面迈出了最为坚实的一步。围绕打造世界石油城市，克拉玛依在软件和硬件建设上须提升一个台阶。

克拉玛依首先要树立国际形象，在城市品牌创建上不能仅仅满足于国内的各项荣誉，而应积极建立与世界上其他石油国家和组织的联系平台，实现与其他石油城市的良好合作。包括定期举办论坛，互相交换信息，互相交流和培训人才等。

在硬件建设上，包括现代会展业、城市石油主题公园、石油博览馆等的建设需要加强。

第五章
克拉玛依资源型城市可持续发展战略研究

第一节　经济社会可持续发展的环境与基础

一、发展环境分析

（一）国际金融危机和国际油价波动对克拉玛依影响巨大

1. 国际金融危机和国际油价波动对世界石油市场影响至深

近年来，石油市场剧烈波动。持续上涨的国际油价于 2008 年初突破了每桶 100 美元大关。接卜来的半年里，油价持续大幅飙升，一度创下每桶 147 美元的历史高点。之后，国际油价迅速下挫，震荡至每桶 30 多美元的低谷。国际金融危机和国际油价大幅波动使石油市场受到严重伤害，国内石油企业经营极度困难。

统计数据显示，近一年时间，全球有 20 多个计划执行的项目被延迟或取消。根据对世界范围内 357 家石油天然气公司的调查显示，2009 年全球石油天然气勘探开发投资支出预计比 2008 年下降 12%。这种延迟和投资减少很大程度上延长了项目周期，从而减缓了石油市场复苏的脚步。

国际油价近期迎来一个震荡上行周期，纽约商交所原油价格一度跃至每桶 80 美元以上，油价逐步回暖的迹象日趋明显。在本轮油价上涨的因素中，除了世界经济复苏激发消费活力、弱势美元、投机炒作外，影响油价中长期走势的供需基本面并未成为“主角”。油价延续此种强势尚缺少需求、供应等方面的支撑，油价短期升温并不意味着石油市场全面复苏。

当前，一些发达国家经济开始复苏，但基础仍不稳固，动力仍不够强劲，反映到石油市场上，更多地表现为需求增长乏力。专家预测，虽然 2010 年全球国民生产总值有近 2%的微幅上涨，由此促进石油每日需求平均增长 90 多万桶，但这与 2009 年每日 200 多万桶的需求萎缩相比，仍然存在较大差距。

目前，石油需求增长主要来自新兴市场的运输部门，仅我国目前新增石油需求约 2/3 来自交通运输业，时下新能源汽车等的呼声高涨，虽然由于其成本偏高、基础配套设施不匹配等原因造成短期内燃油的替代品欠缺，但不排除其长期影响，从而将可能拖累石油需求步伐。当前的油价水平还不足以使石油企业较大幅度增加 2010 年油气田的投资，即使有所增加，但幅度也十分有限。更值得关注的是，国际金融危机促使美国等石油需求大国今后必将通过低碳经济、新能源、节能减排等措施更加积极地降低对石油的需求。

总体来看，国际金融危机对世界石油市场影响至深，主要表现在：一是资本层面，国际资本明显跌落，石油生产国引资陷入困境，资本短缺直接影响油气上游勘探开发投资，从而影响后期市场供求；二是贸易层面，国际贸易大幅萎缩，经济衰退使全球油气需求收缩，价格滑落；三是技术层面，危机催生新一轮能源革命，新能源开发高潮迭起，低碳经济应运而生，绿色发展成趋势。

2. 石油进口依存度的日益提高使我国经济深受国际油价波动的影响

我国自 1993 年成为石油净进口国以来，原油进口量逐年攀升，石油进口依存度日益提高。最高的 2007 年进口原油 2.1 亿 t，进口依存度达到 62.1%。

表 5-1　2001—2009 年我国的原油进口量和进口依存度

年份	进口原油/万 t	生产原油/万 t	消费原油/万 t	进口依存度/%
2001	9 118	16 396	—	—
2002	10 269	16 700	22 541	45.6
2003	9 112	16 960	25 200	36.2
2004	17 291	17 587	28 749	60.1
2005	17 163	18 135	30 086	57.0
2006	19 453	18 477	32 245	60.3
2007	21 139	18 632	34 032	62.1
2008	17 888	19 000	36 000	49.7
2009	19 900	18 949	38 791	51.3

数据来源：中国统计年鉴 2002、2003、2004、2005、2006、2007、2008、2009 年。

在我国石油消费高度依赖进口的前提下，1998 年我国对原油、成品油价格形成机制进行了重大改革，出台了《原油成品油价格改革方案》，基本确立了与国际油价变化相适应、在政府调控下以市场形成价格为主的石油价格形成机制。由于确立了与国际市场接轨的价格机制，国际石油价格的变化必然带动国内油价的变动。

国际石油价格的波动是由多重因素决定的，如欧佩克产油国政策变化、伊拉克战争恐怖袭击、地缘政治、美元汇率变动等。本轮金融危机以来的国际石油价格剧烈波动，并非完全由于供需失衡引起的。其根本原因在于：一方面是控制了世界上大部分石油资源的国际垄断资本（如巨型石油跨国公司）操纵价格的垄断行为愈演愈烈；另一方面是国际投机资本（如投机性的对冲基金）在石油市场上的空前活跃，更加大了油价的波动幅度。美国等发达国家的经济已经在一定程度上完成了“新经济”对传统经济的取代，经济增长对资源投入的依赖程度已经大为减弱；与此相反，我国在未来一段较长发展过程中对油气资源的需求增长将是全球范围内最快的，再考虑到后备资源严重不足的现状，我国将可能是国际大资本操纵下国际油价大幅波动和居高不下的最主要受害国。其主要原因是中国作为世界制造业大国对石油和以石油为原料的产品需求强劲，进口量大，而出口的制成品多为一般的普通商品，价格难以与石油同步上涨，无法将高油价产生的不利影响转嫁出去，只能独自承担和消化。虽然中国是世界第二大石油消费国家，但目前中国石油产品市场的发育程度还不高，在国际石油市场中并没有相应的发言权和定价权，只能被动地接受国际石油市场的价格。中国正处于工业化和城镇化加速发展过程中，能源消耗处于较高水平，国际油价大幅波动和居高不下对我国经济的打击是十分沉重的。

从短期内看国际石油价格的走势仍然不能盖棺定论，但国际油价的长期走势还是有迹可循的，由于石油资源有限，国际油价稳中有升将是必然趋势。

3. 国际金融危机和国际油价波动给克拉玛依的经济带来了不利影响

国际金融危机和国际原油价格波动对我国的经济影响巨大，但对产油地和非产油地的影响是不同的。当油价攀升时，产油地产油多，税收也多，非产油地只能被动地消化油价上升的不利影响；当油价下跌时，产油地减产，税收减少，经济陷入低迷，而非产油地将分享低油价带来的好处。

克拉玛依是我国重要的石油城市，在国际金融危机、国际原油价格和国内化工产品价格持续下跌的背景下，中石油集团下调了新疆地区和克拉玛依油田生产经营指标。这对以石油石化为主导产业的克拉玛依产生了严重的不利影响，主要体现为“四少两难”，即“投资减少，油气产量减少，新建产能减少和地方财政收入减少”及“企业运行难和就业难”。

（1）近年来，克拉玛依固定资产投资规模在独山子千万吨炼油、百万吨乙烯项目的带动下一直保持较高水平，在 2007 年时投资规模达到了 285 亿元的最高水平，但是 2008 年只有 229 亿元，减少了近 60 亿元，2009 年进一步下降到 180 亿元。独山子的固定资产投资从 2007 年的 113 亿元降到了 2008 年的 74 亿元，油田公司的投资从 2007 年的 129 亿元降到了 2008 年的 90 亿元。

（2）新疆油田公司在辖区内准噶尔盆地西北缘油气产量减少，

直接影响了克拉玛依地方财政收入。据不完全统计，2007 年这一地区的原油产量是 633.4 万 t，2008 年是 605.6 万 t，2009 年预计将只有 568.1 万 t。2008 年以前，新疆油田产能建设每年基本上都在 200 万 t 以上，2008 年仅完成了 187 万 t，2009 年计划安排只有 140 万 t。

（3）2008 年，国际原油价格从最高时的每桶 147 美元降到了年底的 42 美元，克拉玛依财政收入减少了 5 亿多元。2009 年 2 月，国际原油期货价格在每桶 34.6 美元左右，而新疆油田公司的原油价格在 1 月份是每吨 1 315 元，折算后每桶 26.37 美元，同样的期货价格，由于原油品质等因素，克拉玛依的原油价格每桶要减少近 10 美元。2009 年，克拉玛依地方财政收入 35.7 亿元，比上年同期下降了 13.8%。对石油税收的影响以国税为例，2009 年 2 月 1 日至 15 日，石油税收为 4 003 万元，比上年同期减少 4.95 亿元。油田公司的增值税为 2 383 万元，比上年同期减少 4.42 亿元，下降 94.88%。另一方面，克拉玛依市的城市基础设施投资、民生工程、社会保障等项目支出不断增加，克拉玛依地方财政面临“收入减少、支出增加”的严峻的双重压力。

（4）企业运行难度加大，首先是中央企业生产运行难，最直接的就是成品油市场需求减少、价格下降、原油后路不畅，中石油对新疆等油田原油限产，投资不足。其次是地方企业，特别是地方改制企业生产运行难，社会消费需求下降，油田服务工作量减少。2009 年全市规模以上工业累计完成工业总产值 873.2 亿元（现价，下同），比上年同期下降 1.5%（按可比价计算，下同）。中央石油石化工业累计实现工业总产值 813.6 亿元，下降 1.5%；全市规模以上地方工业企业累计完成工业总产值 59.5 亿元，下降 5%。

（5）企业运行难，油田产能建设投资减少，直接导致工程技术服务工作量减少，地方企业吸纳人员就业的能力降低，加之市民就业观念落后，这几年中央石油石化企业、党政机关招录人员有限，导致就业难度进一步加大。

（二）我国能源发展战略、规划和政策指明了我国能源发展的大方向

1. 我国的能源政策和发展规划提出节约能源、大力发展可再生能源的战略构想

我国于 2007 年 12 月 26 日发表了《中国的能源状况与政策》白皮书，详细介绍了我国能源发展现状、能源发展战略和目标、全面推进能源节约、提高能源供给能力、促进能源产业与环境协调发展、深化能源体制改革，以及加强能源领域的国际合作等政策措施。白皮书指出，新时期中国能源发展战略是“坚持节约优先、立足国内、多元发展、依靠科技、保护环境、加强国际互利合作，努力构筑稳定、经济、清洁、安全的能源供应体系，以能源的可持续发展支持经济社会的可持续发展”。

《能源发展“十一五”规划纲要（2006—2010）》明确提出：到“十一五”末期，能源供应基本满足国民经济和社会发展需求，能源节约取得明显成效，能源效率得到明显提高，结构进一步优化，技术取得实质进步，经济效益和市场竞争力显著提高，与社会主义市场经济体制相适应的能源宏观调控、市场监管、法律法规、预警应急体系和机制逐步得到完善，能源与经济、社会、环境协调发展。

我国政府一直把节约资源作为基本国策，2006 年颁布了《关于加强节能工作的决定》。提出要“始终将节约能源作为宏观调控的主要内容，作为转变发展方式、优化结构的突破口和抓手。在推进节能减排过程，始终做到‘六个依靠’：依靠结构调整，这是节能减排的根本途径；依靠科技进步，这是节能减排的关键所在；依靠加强管理，这是节能减排的重要措施；依靠强化法制，这是节能减排的重要保障；依靠深化改革，这是节能减排的内在动力；依靠全民参与，这是节能减排的社会基础”。

2005 年和 2007 年我国相继颁布《可再生能源法》和《可再生能源中长期发展规划》。后者提出，今后 15 年要努力提高可再生能源在能源消费中的比重，解决偏远地区无电人口用电问题和农村生

活燃料短缺问题，推行有机废弃物的能源化利用，推进可再生能源技术的产业化发展；“力争到 2010 年，可再生能源消费量占到能源消费总量的 10%，2020 年提高到 15%”。可再生能源发展的重点是水能、生物质能、风能和太阳能。将采取强制性市场份额、优惠电价和费用分摊、资金支持和税收优惠、建立产业服务体系等政策和措施，积极支持可再生能源的技术进步、产业发展和开发利用。

另外，由国家能源局等部委组织编制的《新能源产业振兴和发展规划》已经上报国务院，并将择机适时出台。该发展规划提出要“大力发展核电，积极推进水电，加快风电、太阳能发电和热电联产等清洁高效能源的建设”；并将针对促进新能源发展推出财政、价格、税收、技术研发等一系列的政策支持措施。

2. 2009—2011 年油气产业发展规划提出了我国油气产业发展的具体方向

2009 年 2 月国家能源局举行了成立以来的第一次全国能源工作会议，这也是 17 年来我国举行的第二次全国能源工作会议。会议分析了我国能源工业面临的消费需求下降、企业效益下滑和投资增速放缓等严峻形势，指出能源工作的主线包括：加快电力工业结构调整、大力推进煤炭生产发展方式转变和积极发展可再生能源和新能源。

会议指出，未来 3 年（2009—2011 年）我国油气行业发展要实现“油气资源获取的多元化，油气生产能力的规模化”。让油气供给更加稳定、高效、清洁，成为了未来油气行业发展要解决的关键问题，更是发展中要突破的“瓶颈”。2009—2011 年原油的目标产量分别是 1.92 亿 t、1.96 亿 t 和 1.98 亿 t；同期天然气的目标产量分别是 860 亿 m^3、1 050 亿 m^3 和 1 200 亿 m^3。为此，会议提出了 2009—2011 年油气产业发展规划。

（1）提升油气产业核心竞争力

① 建设大型油气生产基地。继续稳定松辽、渤海湾盆地等东部老油田产量，加快塔里木、准噶尔、鄂尔多斯、四川盆地等西部油气区建设步伐，提高海上油气产量。到 2011 年，新增原油可采储

量约 7 亿 t，新增产能 7 000 万 t；新增天然气可采储量 1.2 万亿 m^3，新增产能 650 亿 m^3。

② 建设大型炼油基地。加快镇海、茂名等炼油厂改扩建项目；开工建设四川、广州、泉州、上海等大型炼油项目；积极推进委内瑞拉、卡塔尔、俄罗斯等国企业提供原油资源在我国合资建设的大型炼油项目。逐步形成宁波、上海、南京等规模超过年 3 000 万 t 和茂名、广州、惠州、泉州、天津、曹妃甸等规模超过年 2 000 万 t 的大型炼油基地。到 2011 年，全国有效炼油能力达到年 4.4 亿 t。

③ 建设完善的油气储运设施。2009—2011 年，我国将加快建设东北、西北、西南、海上四大进口油气战略通道。重点建设中哈二期、中缅、漠河—大庆、日照—仪征、兰州—成都等原油管道，兰州—郑州—长沙、福建、江苏等成品油管道；统筹境内外天然气（含 LNG，即液化天然气），煤层气、煤制天然气等资源，加快建设川气东送、中亚及西气东输二线（含深圳 LNG 调峰站）、中缅、青藏输气、陕京三线、东北天然气管网、涩宁兰复线、榆林—济南、川东北—川西等天然气管道；新建青岛、宁波、唐山、珠海等 LNG 接收站及配套管道。

④ 积极推动石油储备。2009—2011 年，我国将启动石油储备基地二期项目建设，以地下储备库为主。力争通过 3 年的建设，使国家石油储备基地总库容达到 4 460 万 m^3，进一步增强国家石油储备能力。

⑤ 积极开发石油替代燃料。为降低石油对外依存度，加快发展我国石油替代燃料。主要发展煤制液体燃料、生物质液体燃料等。在华南、西南、华东、华北建设非粮燃料乙醇生产能力及配套的种植基地；加快推进山西、内蒙古、宁夏等煤炭直接液化和间接液化项目；稳步推进新疆、内蒙古、陕西等二甲醚项目。

（2）全力保障油气行业可持续发展

① 实施积极的能源投资政策。2009—2011 年，国家将加大财政预算内和国债资金对关系长远战略安全和民生的能源基础设施的投入，投资重点安排：煤、电、油、气跨区域输送通道和管网建设；

城乡电网、农村能源、城市居民供气管网等基础设施和民生工程建设；石油、天然铀等战略储备设施建设。

② 推进能源投融资体制改革。2009—2011 年，国家将简化能源项目审批手续，对具备条件的同类项目“打捆”核准或通过专项建设规划统一安排。降低新能源和可再生能源项目资金比例，扩大能源企业通过债券、上市等直接融资的渠道和规模，推动建立能源产业发展基金，促进能源投资多元化。设立石油储备、能源风险勘探、煤层气开发利用等政府性专项基金，完善可再生能源专项资金和节能专项资金管理，扶持重点能源领域发展。

③ 加大财税政策支持力度。制定资源税减免等优惠政策，鼓励石油公司加大对难动用和低品位储量的开发利用。

④ 加快能源法制建设和多方位支持能源国际合作。2009—2011 年，国家将尽快出台《能源法》、《石油储备条例》，加紧修订《石油天然气法》等实践急需的能源法律法规，规范能源生产、消费和管理行为。鼓励企业开展海外资源开发和并购，对重大境外能源投资项目予以贷款贴息、优惠贷款和提高财政注资比例等支持政策。修改完善境外油气资源开发协调机制。研究从外汇储备中提取一定比例设立海外能源勘探开发专项基金，用于支持石油企业获取海外资源。

3. 全国能源发展“十二五”规划工作会提出了我国能源发展的六大重点

2009 年 9 月在云南昆明召开了全国“十二五”能源规划工作会，会议提出国家“十二五”能源规划将突出如下六个方面：

（1）优化能源结构。不断提高水电、核电、风电、太阳能等清洁能源的比重。倡导清洁节约的能源消费理念，加快发展热电联产，完善城市供气管网设施，合理利用可再生能源，使新增能源消费中非煤能源比例逐步提高。

（2）调整能源产业布局。继续加强传统能源资源和新兴能源资源的勘探开发和综合利用，重点推进大型能源基地的开发建设，配套推进能源输送大通道建设。推进能源各行业之间，以及能源与相关产业之间的重组与融合，建立现代能源产业体系，实现能源与相关产业集约、高效发展。

（3）推进能源科技创新。大力发展风能、太阳能、生物质能以及清洁煤利用、核能、智能电网、新能源汽车、分布式能源等新兴能源科技装备技术，逐步向国外输出先进的能源技术、设备和产品，发展中国特色的新能源经济，实现由能源大国向能源强国的跨越。

（4）完善能源宏观调控体系。构建科学合理的能源开发利用和宏观调控体系，高度重视生态环境对能源开发利用的约束，不断提升应对全球气候变化的能力。健全能源战略储备和应急保障体系，提高国家对能源的综合调控力。不断加强能源基础设施和公共服务体系建设，提高能源的“公共福利”水平。

（5）深化能源体制改革。有计划、有步骤地开展能源价格、财税、资源和流通体制等改革，同时积极培育多元化市场主体，形成统一开放、竞争有序的现代能源市场体系。

（6）进一步建立能源可持续发展的政策标准体系。加快推进有利于能源产业健康发展的政策、标准体系建设，近期有效缓解能源安全和环保压力，中远期逐步形成新的能源可持续发展系统，实现能源永续发展。

4. 我国应对气候变化的努力和节能减排承诺体现了我国加强节能、提高能效、发展低碳经济和循环经济的决心

作为一个负责任的发展中国家，自 1992 年联合国环境与发展大会以来，中国政府率先组织制定了《中国 21 世纪议程——中国 21 世纪人口、环境与发展白皮书》，并根据国情采取了一系列政策措施，为减缓全球气候变化作出了积极贡献。

2007 年 6 月中国政府发布《中国应对气候变化国家方案》。这是中国第一份应对气候变化的政策性文件，也是发展中国家在该领域的第一份国家方案。《国家方案》明确了到 2010 年中国应对气候变化的指导思想、主要目标、基本原则和政策保障措施，提出了 2005 年到 2010 年降低单位国内生产总值能耗和主要污染物排放、提高森林覆盖率和可再生能源比重等有约束力的国家指标。《国民经济

和社会发展第十一个五年规划纲要》明确提出，到 2010 年单位国内生产总值能源消耗比 2005 年降低 20%左右，主要污染物排放总量减少 10%。

2009 年 8 月全国人大常委会表决通过了“关于积极应对气候变化的决议”。这是中国最高国家权力机关首次就应对气候变化这一全球性重大问题专门做出决议。国家主席胡锦涛在 2009 年 9 月出席联合国气候变化峰会时表示，中国将进一步把应对气候变化纳入经济社会发展规划，并继续采取强有力措施，包括：加强节能、提高能效工作，争取到 2020 年单位国内生产总值二氧化碳排放比 2005 年有显著下降；大力发展可再生能源和核能，争取到 2020 年非化石能源占一次能源消费比重达到 15%左右；大力增加森林碳汇，争取到 2020 年森林面积比 2005 年增加 4 000 万 hm^2，森林蓄积量比 2005 年增加 13 亿 m^3；大力发展绿色经济，积极发展低碳经济和循环经济，研发和推广气候友好技术。

2009 年 12 月 7 日《联合国气候变化框架公约》第 15 次缔约方会议暨《京都议定书》第 5 次缔约方会议在哥本哈根召开。中国政府于 2009 年 11 月 26 日庄严承诺到 2020 年单位国内生产总值（GDP）二氧化碳排放比 2005 年降低 40%～45%。这一承诺将作为约束性指标纳入国民经济和社会发展中长期规划，并制定相应的国内统计、监测、考核办法。

5. 中石油的战略规划和调整为克拉玛依油气产业长远发展提供了契机

克拉玛依作为中央特大型能源综合企业中国石油天然气股份公司（以下简称“中石油”）的重要油气资源地和战略支撑地，中石油的战略规划和调整对新疆和克拉玛依地方经济社会发展具有举足轻重的影响。

早在 20 世纪 90 年代，中石油根据国内能源需求和国际能源市场状况调整了发展战略，果断提出“稳定东部、发展西部”的战略方针。2006 年，中石油根据国内能源需求的变化，适时提出了“东部硬稳定、西部快发展”的新战略。新疆拥有丰富的石油、天然气资源，被称为我国能源的战略接替区。统计数据表明，我国陆上石油 30%在新疆，34%的天然气储量在新疆，新疆在中国石油发展战略中占据日益重要的地位。

在国际能源价格飞速上涨和能源需求日益紧迫的今天，新疆巨大的能源储量已成为支持中国经济持续快速增长的坚实保证。近年来，中石油的巨额投入使新疆能源工业实现快速发展。2008 年，加上由中哈原油管道输送的 1 252 万 t 石油，新疆油气当量已达 6 049 万 t，成为中国最重要的能源生产和输送基地。

“西气东输”管道运行 5 年多来，中石油塔里木油田已累计输送天然气 500 多亿 m^3，中国 14 个省份、80 多个大中型城市的 3 亿居民从中受益。西气东输二线工程目前正在向东延伸。该工程竣工后，中亚进口气源、塔里木油田、长庆气田将和中国长江三角洲、珠江三角洲等用气市场连接在一起，每年输送天然气将达到 300 亿 m^3，相当于 2008 年中国天然气供应量的 1/2。

2010 年 1 月 14 日中石油集团公司 2010 年工作会议在河北省廊坊市召开，会议确定当前和今后一个时期，中石油集团公司总的工作要求是，认真贯彻党的十七大和中央经济工作会议精神，以科学发展观为指导，紧紧围绕建设综合性国际能源公司目标，全面履行经济、政治和社会责任，继续大力实施资源、市场、国际化战略，统筹国际国内两个大局，把转变发展方式作为重中之重，突出油气主营业务，突出战略工程建设，突出提高质量效益，大力推进结构调整、节能减排、技术创新和基础管理，注重改善民生，保持和谐稳定，进一步增强全面协调可持续发展能力。

在中石油集团公司统一部署规划下，新疆油田公司“十二五”期间的发展目标是建成充满生机与活力的现代化大油气田。

第一步：2009—2011 年，“勘探快发展，开发硬稳定阶段”。三年累计新增探明石油地质储量 3 亿 t、天然气地质储量 2 000 亿 m^3；保持原油产量稳定增长，在新增 3 亿 t 规模石油探明储量不投入开发的情况下，通过加强滚动勘探、二次开发和老油田调整改造等增储上产措施，使原油产量稳定在 1 200 万 t 以上，保持天然气产量快速增长，2011 年盆地具备年产气 100 亿 m³ 的资源基础，现代化大油气田的格局基本形成。

第二步：2012—2015 年，“油气产量规模增长阶段”。每年净增原油产量 100 万 t、天然气产量 10 亿 m³，2015 年原油产量达到 1 600 万 t 以上，天然气产量达到 100 亿 m³，实现由大油田向大油气田的历史性跨越，全面建成绿色、数字和人文特征鲜明、充满生机与活力的现代化大油气田。

2009 年 10 月 27 日中国石油天然气股份有限公司总裁周吉平考察新疆时表示，从 2010 年起到“十二五”末，中石油集团将在新疆投资 2 000 亿元，年投资规模达到 333 亿～400 亿元，远高于近几年的投资规模（2005 年为 142 亿元）；主要用于油气勘探开发、下游炼油化工基地建设、原油成品油战略储备和油气输送管网的完善，以进一步促进当地经济社会的发展。中共中央政治局委员、新疆维吾尔自治区委原书记王乐泉在会见周吉平时表示，希望中石油充分发挥自身优势，抓住新疆煤电、煤化工产业大发展的历史机遇，推动新疆煤制油、煤制气的发展。

中石油的巨大投资将使新疆成为重要的能源加工地和储备基地。2009 年 9 月 21 日，中石油在下游投资最高、规模最大的炼化一体化工程——独山子“千万吨炼油百万吨乙烯工程”建成投产，使独山子拥有了 1 500 万 t 炼油和 120 万 t 乙烯年产能力，成为中国西部最大的石油化工基地。9 月 24 日，规模为 300 万 m³ 的原油储备基地又在独山子开工兴建。这一基地和在建的新疆鄯善原油储备基地规划总库容将达 1 300 万 m³，相当于现在中国 10 多天的原油进口量。储备工程全部建成后，新疆将在中国防范石油供应风险、保障能源安全方面发挥更加重要的作用。

总体来看，中石油“东部硬稳定、西部快发展”的油气开发战略以及最近提出的建设综合性国际能源公司目标和继续大力实施资源、市场、国际化战略，将为拥有丰富油气资源的新疆克拉玛依发展油气产业提供长期战略支撑。

（三）西部大开发的扶持政策有可能转化为克拉玛依可持续发展的推动力

我国自 21 世纪初实施西部大开发战略以来，出台了一系列有利于西部各省区加快发展的政策措施，兹介绍如下：

1. 有关增加资金投入的政策

（1）加大建设资金投入力度，提高中央财政性建设资金用于西部地区的比例。国家政策性银行贷款、国际金融组织和外国政府优惠贷款，尽可能多安排西部地区的项目。对国家新安排的西部地区重大基础设施建设项目，其投资主要由中央财政性建设资金、其他专项建设资金、银行贷款和利用外资解决，不留资金缺口。中央将采取多种方式筹集西部开发的专项资金。水利、交通、能源等基础设施，优势资源开发与利用，有特色的高新技术及军转民技术产业化项目，优先在西部地区布局。

（2）加大财政转移支付力度。随着中央财力的增加，逐步加大中央对西部地区一般性转移支付的规模。在农业、社会保障、教育、科技、卫生、计划生育、文化、环保等专项补助资金的分配方面，向西部地区倾斜。中央财政扶贫资金的安排，重点用于西部贫困地区。

（3）加大金融信贷支持。银行加大对西部地区基础产业建设的信贷投入，重点支持铁路、主干线公路、电力、石油、天然气等大中型能源项目建设。对投资大、建设期长的基础设施项目，根据项目建设周期和还贷能力，适当延长贷款期限。国家开发银行新增贷款逐年提高用于西部地区的比重。扩大以基础设施项目收费权或收益权为质押发放贷款的范围。农村电网改造贷款和优势产业贷款中金额较大的重点项目，由农业银行总行专项安排和各商业银行总行直贷解决。

2. 有关改善投资环境的政策

（1）大力改善投资的软环境。深化西部地区国有企业改革，加快建立现代企业制度，搞好国有经济的战略性调整和国有企业的资产重组。积极引导西部地区个体、私营等非公有制经济加快发展，凡对外商开放的投资领域，原则上依法允许国内各种所有制企业进入。

（2）实行税收优惠政策。对设在西部地区国家鼓励类产业的内资企业和外商投资企业，在一定期限内，减按 15%的税率征收企业所得税。对在西部地区新办交通、电力、水利、邮政、广播电视等企业，企业所得税实行两年免征、三年减半征收，对在西部地区新办高新技术企业，经国家有关部门认定后，企业所得税实行两年免征、三年减半征收。对为保护生态环境，退耕还生态林、草的特产品收入，在 10 年内免征农业特产税。

（3）实行土地和矿产资源优惠政策。对西部地区荒山、荒地造林种草、坡耕地退耕还林还草，实行“谁退耕、谁造林种草、谁经营、谁拥有土地使用权和林草所有权”的政策。各种经济组织和个人可以依法申请使用国有荒山荒地，进行恢复林草植被等生态环境保护建设，可以出让方式取得国有土地使用权，减免出让金，实行土地使用权 50 年不变，期满后可申请续期，可以继承和有偿转让。加大对西部地区矿产资源调查评价、勘查、开发保护与合理利用的政策支持力度。

3. *有关扩大对外对内开放的政策*

扩大外商投资领域。鼓励外商投资于西部地区的农业、水利、生态、交通、能源、市政、环保、矿产、旅游等基础设施建设和资源开发，以及建立技术研究开发中心。扩大西部地区服务贸易领域对外开放，将外商投资于银行、商业零售企业、外贸企业的试点扩大到直辖市、省会和自治区首府城市。允许西部地区外资银行在条件成熟时逐步经营人民币业务；允许外商在西部地区依照有关规定，投资电信、保险、旅游业，兴办中外合资会计师事务所、律师事务所、工程设计公司、铁路和公路货运企业、市政公用企业和其他已承诺开放领域的企业。

拓宽利用外资渠道。积极扩大西部地区以建设—经营—转让（BOT）方式利用外资的试点，开展以移交—经营—移交（TOT）

方式利用外资的试点。允许外商投资项目开展包括人民币在内的项目融资。支持西部国家鼓励和允许类产业的企业通过转让经营权、出让股权、兼并重组等方式吸引外商投资。鼓励在华外商合资企业到西部地区再投资，其再投资项目外资比例超过 25%的，享受外商投资企业待遇。对外商投资西部地区基础设施和优势产业项目，适当放宽外商投资的股比限制。积极争取多边、双边赠款优先安排西部地区项目。

大力发展对外经济贸易。进一步扩大西部地区生产性对外贸易经营自主权，鼓励发展优势产品出口、对外承包和劳务合作、到境外特别是周边国家投资办厂。对从西部地区重要旅游城市入境的海外旅游者，根据条件实行落地签证和其他便利入境签证政策。实行优惠的边境贸易政策，在出口退税、进出口商品经营范围、进出口商占配额、许可证管理、人员往来等方面，适当放宽限制，推进周边区域经济技术合作健康发展。

推进地区协作与对口支援。在防止重复建设和禁止转移技术落后及污染环境项目的前提下，采取有力措施，支持东部、中部地区企业到西部地区以收购兼并、技术转让等多种方式进行合作。加强东部对口支援西部，进一步加大对西部贫困地区、少数民族地区的支援力度。

4. 有关吸引人才和发展科技教育的政策

制定有利于西部地区吸引人才、留住人才、鼓励人才创业的政策。西部地区可依托西部开发的重点任务、重大建设项目及重要研究课题，提供良好的工作和生活条件，吸引国内外专门人才投身于西部开发。东部地区大专院校和科研机构，要加强对西部地区提供智力服务和人才支持。

加大各类科技计划经费向西部地区的倾斜支持力度，逐步提高科技资金用于西部地区的数额。围绕西部开发的重点任务，加强科技能力建设，组织对关键共性技术的攻关，加快重大技术成果的推广应用和产业化步伐，支持军转民技术产业化的发展。

继续实施贫困地区义务教育工程，加大国家对西部地区义务教育的支持力度，增加资金投入，努力加快实现九年义务教育。对西部地区高等学校建设予以支持，扩大东、中部地区高校在西部地区的招生规模。

国家安排的地方文化设施建设补助、广播电视建设投资和文物经费，向西部地区倾斜。推进自然村“村村通”广播电视建设，进一步扩大广播电视有效覆盖面。促进边疆地区和少数民族地区文化事业发展。支持西部地区文化建设和精神文明建设。加强对西部地区卫生、计划生育建设的支持力度。

克拉玛依市是新疆的石油城市，完全有条件享受国家西部大开发的扶持政策，在中央财政投入、引进外部投资、发展非公经济、加强对外开放、引进科技人才等方面有可能取得突破性进展。

（四）克拉玛依是新疆经济社会发展战略布局的一枚重要棋子

2009 年，全疆生产总值达到 4 274 亿元，比实施西部大开发的 1999 年增长 1.6 倍，年均递增 10.1%；人均生产总值达 19 926 元，比 1999 年增长 1.2 倍；地方财政一般预算收入达到 388 亿元，比 1999 年增长 4.5 倍，年均增长 18.5%。棉花、粮食、特色林果、畜产品四大基地建设成效显著，石油天然气产量分别居全国第二位和第一位。对内对外开放水平快速提高。全区城镇居民人均可支配收入 12 258 元，比 1999 年增长 1.3 倍；农民人均纯收入 4 005 元，比 1999 年增长 1.7 倍。特别是从 2000 年到 2009 年，全区社会固定资产投资累计完成 1.4 万亿元，是前十年的 4.4 倍。一大批水利、交通、电力、通信等重大项目相继开工建设和建成投产，为有效拉动经济增长、推动经济结构调整、增强经济发展后劲奠定了坚实的基础。但是与内地经济相比，新疆仍有相当大的差距。探索出一条资源依赖性弱、生态环境破坏小、能支撑经济持续快速发展的良性经济循环体系和发展模式，对新疆经济可持续发展至关重要。在自治区党委七届九次全委会上张春贤书记的讲话体现了新疆下一步工作的战略重点。张春贤书记提出新疆实现跨越式发展和长治久安的战略选择是：以现代文化为引领，以科技、教育为支撑，加速新兴工业化、农牧业现代化、新型城镇化进程；加快改革开放，打造中国西部区域经济的增长极和向西开放的桥头堡，建设繁荣富裕和谐稳定的美好新疆。

新疆发展的五大原则是：必须坚持科学跨越式发展；必须把保障和改善民生作为全部工作的出发点和落脚点；必须不断巩固和发展各族人民的大团结；必须坚定不移地维护全区社会大局稳定；必须着力提升自我发展能力。

新疆的七项重点工作是：① 加速经济跨越式发展。做大做强现有优势产业和支柱产业；加快工业园区建设，推进产业集群发展；继续实施大企业大集团战略；加快培育战略性新兴产业；大力支持非公有制经济和中小企业的发展；发展高效节水农业；推进新型城镇化建设，构建以乌昌经济区为中心的天山北坡城市群，努力把喀什建设成为一座具有浓郁民族特色的现代化城市；在乌鲁木齐、喀什、霍尔果斯、阿拉山口等重点地区建设一批起点高、规模大、辐射强，集运输、仓储、包装、流通加工、配送等功能于一体的物流基地或物流中心；促进区域协调发展，加大对南疆三地州的特殊扶持；推进重点领域和关键环节改革进程；全面推进“外引内联、东联西出、西来东去”的开放战略。② 切实改善民生。改善城镇居民住房条件，重点抓好低收入家庭的住房保障工作；按照现代化和民族特色相统一的要求，规划建设新农村和新城镇，配套建设学校、医院、孤儿院、养老院、文化站等公共服务设施，配套建设水电、气、路等基础设施；以南疆为重点、以农村为重点，加强双语教育；实施更加积极的就业政策，千方百计增加就业岗位；加强人才培养和社会保障；提高城乡居民收入水平。③ 加强基础设施建设，包括水利工程、交通建设、电力建设、通讯设施建设、城市垃圾和污水处理。④ 加强生态环境建设，大力改善城乡人居环境。⑤ 宣传思想文化和民族团结工作。⑥ 坚定不移地维护稳定，认真做好人民内部矛盾的排查化解工作，高度重视和做好新形势下的社会管理工作。⑦ 加强党的建设工作。

克拉玛依拥有丰富的石油资源，地处中国—中亚能源合作大通道的有利区位，是天山北坡城市群的重要组成部分，在新疆新的发展时期是新疆实现经济跨越式发展的战略支点，也是“稳疆兴疆、强区富民”的战略突破口之一。“十二五”及中长期，克拉玛依在新疆经济社会发展中的战略地位还会进一步上升。

（五）国家资源型城市转型的基本政策可以为克拉玛依市可持续发展提供支撑

2007 年 12 月国务院颁布《国务院关于促进资源型城市可持续发展的若干意见》（国发 2007[38]号）。这是我国促进资源型城市转型和可持续发展的纲领性文件，国务院分别于 2008 年和 2009 年分两批认定了 44 个资源枯竭城市。

促进资源型城市可持续发展的基本目标是以增加就业、消除贫困、改善人居条件、健全社会保障体系、维护社会稳定为基本目标，坚持深化改革、扩大开放，坚持以人为本、统筹规划，坚持远近结合、标本兼治，坚持政府调控、市场导向，通过调整产业结构，转变经济发展方式，努力增强资源型城市的发展活力与后劲。

（1）建立资源开发补偿机制和衰退产业援助机制。按照权益与责任相一致的原则，明确企业的资源补偿和环境保护主体责任。加快资源价格改革，把环境治理、安全设施投入、企业退出和转产费等列入资源产品的成本构成。

（2）发展壮大接续替代产业。用高新技术、先进适用技术改造传统产业，积极培育新兴产业。安排国债资金和中央预算内基本建设资金，集中扶持建设一批接续替代产业。

（3）着力解决困难群众生活问题。认真落实就业再就业扶持政策，大力开发公益性工作岗位，鼓励自主创业和企业吸纳就业，支持发展职业教育，完善社会保险制度和社会救助制度。

（4）加强环境整治、环保监管和生态保护。新建矿区要加强环境影响评价，对可能造成严重生态破坏和重大经济损失的，应禁止开采。积极推广先进适用的开采技术、工艺和设备，大力推广清洁生产技术。

（5）加大政策支持力度。设立针对资源枯竭型城市的财政性转移支付。改革资源税制度，调整资源税负水平，增加资源开采地的财政收入。鼓励金融机构对资源型城市和资源型企业提供金融支持，设立可持续发展专项贷款。

克拉玛依的油气资源开采尚处于中期阶段，远未进入枯竭阶段。国家确定的 44 个资源枯竭城市享受的优惠政策，克拉玛依目前还难以享受到。如果积极争取，并力争成为资源型城市可持续发展的试点，完全有可能享受到类似的国家扶持政策。

二、发展现状分析

（一）50 年来的发展成就

克拉玛依油田作为新中国成立后发现的第一个大油田，是新中国石油工业的起始地和奠基地。以 1955 年 10 月 29 日克拉玛依一号井出油为标志，3 年后的 1958 年国务院设置克拉玛依市。1959 年克拉玛依的原油产量曾经占到全国原油产量的 40%，占据新中国石油工业的“半壁江山”。2002 年克拉玛依建成了西部第一个年产千万吨级大油田，现在正向年产 2 500 万 t 油气当量的大油气田迈进；克拉玛依油田实现连续 28 年油气产量稳产高产，50 年来累计生产 2 亿多吨原油，为新中国经济社会发展作出了巨大贡献。

经过 50 年的不懈努力，克拉玛依人在“没有草，没有水，鸟儿也不飞”的戈壁沙漠建起了一座现代化城市。目前，克拉玛依市基本完成了各城区主要道路的改造，城市配套基础设施同步建设到位，为市民创造了良好的工作和生活环境，城市生态环境和市容面貌大为改善。随着饮水工程、农业综合开发区、石化工业园区的建设，以及新机场、高等级公路等大型基础设施的实施，城市建设和发展大格局初步形成。克拉玛依市先后获得了国家环保模范城市、国家卫生城市、国家人居环境范例奖、国家优秀旅游城市和国家园林城市等荣誉称号，达到了国家畅通工程一类城市的管理水平，建成克拉玛依中心城区数字城市管理信息系统。

建市 50 年来，尤其是改革开放 30 年来，克拉玛依经济总量规模不断扩大，综合实力不断提升。2008 年全市完成地区生产总值（GDP）为 661 亿元，按可比价格计算，比上年增长 9.8%，比 1958 年建市时的 9 105 万元增长近 500 倍，年均增速接近 13%；2008 年人均 GDP 达 12.5 万元，比 1958 年的人均 GDP 3 118 元增长 40 倍。GDP 总量指标和人均指标继续位居自治区各地州市第二位和第一位。对比西部和全国城市，克拉玛依市 GDP 总量在同类型地级城市中名列前茅；人均 GDP 指标列全国所有城市第一位。

（二）国民经济社会发展现状

1. “十一五”发展规划主要目标的中期完成情况

“十一五”规划实施以来，克拉玛依市紧紧围绕“在 2010 年全面建成小康社会、2020 年在全疆率先基本实现现代化”的奋斗目标，着力实施“优势资源转换、城市现代化、可持续发展”三大战略，在经济发展、城乡建设和社会事业发展各个领域，全面落实国民经济和社会发展“十一五”规划纲要提出的各项任务和政策措施，国民经济综合实力进一步增强，经济增长速度加快，经济发展方式逐步转变，经济增长质量和效益进一步提高，城市功能日趋完善，现代化水平稳步提升，人居环境持续改善，和谐社会建设成效显著，人民生活质量不断提高。“十一五”规划纲要提出的主要目标中期完成情况总体良好。

2008 年，全市实现地区生产总值 661 亿元，“十一五”前 3 年年均增长 18.2%，比“十五”时期提高了 7.7 个百分点。2008 年人均地区生产总值达 12.5 万元，按当年汇率（6.95）折算，约合 18 098 美元，继续位居自治区各地州市的首位和全国各城市第一。“十一五”前三年全市累计完成全社会固定资产投资 728 亿元，完成规划目标的 72.8%，比“十五”时期增长 45.6%。2008 年实现地方财政收入 41.3 亿元，实现规划目标的 82.6%，是“十五”末的 1.7 倍，“十一五”前三年年均增长 17.7%。2008 年实现社会消费品零售总额 27.05 亿元，完成了规划目标的 90%，比“十五”末增长 46.2%，年均增长 15.4%。2008 年城镇居民人均可支配收入达到 14 026.7 元，实现规划目标的 93.5%，比“十五”末增长 21.6%；农村居民人均纯收入 7 197 元，实现规划目标的 90.2%，比“十五”末增长 28.5%。2005—2008 年克拉玛依市 GDP 年均增速变动见图 5-1。

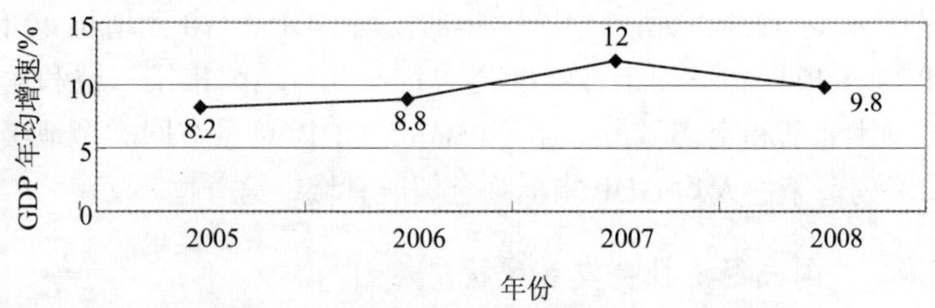

图 5-1 2005—2008 年克拉玛依市 GDP 年均增速

总体来看，克拉玛依市“十一五”经济社会发展 31 个主要指标完成情况良好。地区生产总值、GDP 年均增长、工业总产值、旅游业总收入年均增长 4 项预期性指标和单位 GDP 能耗、人口自然增长率、城市绿化覆盖率、全市森林覆盖率、城市生活垃圾增长率控制、教育经费支出占当年财政收入的比例、全市劳动力平均受教育年限、年新增就业岗位、年新增城镇就业人数、城镇登记失业率、社会保险综合参保率 11 项约束性指标已提前实现或超过规划目标。原油加工量、地方财政收入、固定资产投资、社会消费品零售总额、全社会研发费占全市 GDP 的比重、城镇居民人均可支配收入、人口平均期望寿命、广播电视人口混合覆盖率、人均公共绿地面积、节水灌溉面积 10 项指标已实现阶段性目标。除地方财政收入有不确定因素外，其他 9 项目标预计可以实现。

服务业增加值年均增长速度、农牧民人均纯收入、城市现代化实现程度、高新技术产业增加值年均增长、工业固体废物综合利用率 5 项指标与预期目标存在差距，需采取有效措施加快推进。其中，按《克拉玛依市现代化战略研究》报告提出的经济发展、人口素质、生活质量、社会稳定、环境保护及基础设施等 33 项现代化指标来评价，克拉玛依现代化实现程度为 80%，距“十一五”85%以上的目标还相差 5 个百分点。

“十一五”规划中提出石油天然气当量 2010 年比 2000 年翻一番，即到 2010 年达 2 096 万 t。以未来两年新疆油田公司生产形势来判断，到“十一五”末预计相差约 500 万 t，即达到预期目标的 76.3%。

“十一五”以来，克拉玛依市获得了国家园林城市、中国优秀旅游城市、全国科技进步先进市、全国创建文明城市工作先进市、全国建设健康城市试点城市、西部第一个迈向无烟中国烟草控制项目城市和自治区循环经济试点城市、自治区城乡抗震安居工作先进市等称号。

2. 2009 年经济发展总体状况

统计数据显示，2009 年克拉玛依市的经济深受国际金融危机的影响，地区生产总值、全社会固定资产投资、地方财政收入等指标多为负增长。其中地区生产总值完成 480 亿元，按可比价格计算，比上年下降 1.2%，但经济总量仍然位居自治区前列，人均 GDP 继续名列全国各城市前茅。全社会完成固定资产投资 180.3 亿元，比上年下降 23.8%。地方财政收入 35.7 亿元，比上年下降 13.8%；地方财政支出 45.4 亿元，下降 6.4%。全年实现社会消费品零售总额 29.6 亿元，增长 9.3%。

3. 2009 年产业发展现状和结构

2009 年，克拉玛依市第一产业增加值 3 亿元，同比增长 1.7%，第二产业增加值 416 亿元，同比下降 1.8%，第三产业增加值 61 亿元，同比增长 3.5%；一、二、三次产业结构比例为 0.6∶86.7∶12.7。近年来，尽管克拉玛依市的第一、第三产业取得了长足的发展，但是产业结构仍然单一，产业链不长，工业增加值特别是石化工业及其配套产业增加值在地区生产总值中占据绝对份额。据统计，2009 年全市规模以上工业企业累计完成总产值 873.2 亿元（现价），按可比价计算（下同）比上年下降 1.5%；中央石油石化工业累计实现工业总产值 813.6 亿元，下降 1.5%。

克拉玛依地方企业主要由中石油剥离改制企业、石化配套服务企业以及私营个体中小企业构成，2009 年规模以上地方工业完成工业总产值 59.5 亿元，比上年下降 5%，占全市工业总产值比重仅为 6.8%。地方企业面临企业规模小、自主创新能力低、社会保障包袱重、缺乏高素质员工队伍等困难，企业生存和发展存在比较大的障碍。

克拉玛依属于石油、天然气资源富集地区，但是石油、天然气属于国家战略资源，由国家控制垄断经营。地方石油配套企业所需的原材料主要来自石油、天然气及其衍生产品，原材料的数量、价格、供应时间均依赖于国家的能源战略布局和中石油集团公司的统一调配，企业停工待料现象时有发生。因此，石油配套企业和非石油企业发展相对滞后，在相当程度上缺乏可预期的可持续发展前景。

4. 2009 年居民生活水平现状

建市 50 年来，克拉玛依市城乡居民生活水平不断提高，尤其是改革开放给城乡居民带来了更多实惠。2009 年城镇居民人均可支配收入达到 15 395.2 元，同口径增长 3.9%；农民年人均纯收入 7 876 元，增长 9.4%；人口自然增长率 4.31‰。

居民消费结构明显改善，居民恩格尔系数已降至 30%，跨入富裕社会行列和实现现代化发展指标。

由于克拉玛依市城市化水平较高，城市化率已达到 90%以上。另一方面，城市人口中多数为有固定工作和稳定工资来源的在职职工，2007 年人均年工资收入达到 4.1 万元，在中国城镇职工工资收入排名中也属于中上水平。而且中石油公司职工将近 7 万人，占全市人口的 20%，这部分人员在克拉玛依市属于收入最稳定和水平最高的群体。因此，克拉玛依市城镇人口收入稳定且收入差距较小，城镇登记失业率继续控制在 2%以内，为社会和谐稳定奠定了坚实的物质基础。

5. 社会建设成果卓著

以推进“和谐克拉玛依”建设为目标，以改善社会民生为出发点和基本归宿，以促进教育、就业、医疗服务、社会保障等社会事业全面进步为重点的民生工程建设起步迅速、操作有序、特色鲜明，成果卓著。

城乡义务教育经费保障机制改革成效显著，克拉玛依是全国第一个实现 100%救助贫困生的城市，在自治区是第一个全面免除义务教育阶段杂费、借读费、课本费和作业本费的地州市，实现了更大程度上的教育公平。教育事业得到优先发展，2007 年全市教育经费支出占当年财政支出比例为 23.3%，超过了“十一五”规划 20%的目标要求。

截至 2009 年年底，全市实现就业再就业 4 147 人，就业结构性矛盾造成的失业人员存量明显减少。“零就业家庭”动态为零，城镇登记失业率为 2%以内。累计提供就业岗位信息 6 136 个。

覆盖城乡居民的基本医疗保障体系不断完善；城乡最低生活保障标准及农村五保标准自 2008 年 1 月 1 日起全面提高并做到了应保尽保；全市各项社会保险综合参保率达到政策覆盖范围的 95%以上，各项社会保险基金征缴率达 95%以上；全面实施了医疗、就业、慈善助学、法律服务、住房等救助工作。全年发放低保金 935.8 万元，对困难群体累计发放一次性帮扶金 610.7 万元，切实保障了困难群体的基本生活和合法权益。

住房供应结构调整步伐加快，居民住房供求矛盾得到明显缓解，妥善解决低收入家庭住房困难问题，出台了《克拉玛依市廉租住房保障办法》，向社会公布了《克拉玛依市住房建设规划（2008—2012）》和《克拉玛依市住房保障规划和年度计划》。

市、区文体中心建设稳步推进，各区公共文化体育设施条件明显改善。社区医疗体制关系进一步理顺，社区卫生服务设施建设规划启动实施，全市各族群众的健康意识和医疗保障水平进一步提高。不断提高人口素质，继续稳定低生育水平，人口平均期望寿命已达到 77 岁。

总体来看，克拉玛依市经济总量全疆第二，人均 GDP 全国第一，各项社会事业全面进步。但是，在世界金融危机、国际油价剧烈波动、中石油应对危机采取战略调整、克拉玛依经济高度依赖油气资源等背景下，克拉玛依经济不稳定而带来的经济社会问题有所显现，这是“十二五”及中长期规划必须重视的问题。

三、发展条件（SWOT）分析

（一）优势分析（Strengths Analysis）

1. 得天独厚的油气资源优势

目前我国石油主要产自东北和华北地区，2007 年占全国石油总产量的 60%左右。但是，经过多年高产开发，东部主力油田进入高含水（88%）、高采出程度（75%）的双高开采阶段，开采和稳产难度不断加大，大庆、胜利等千万吨级油田的原油产量亦呈现出下降的趋势。西部油区原油产量比重已稳步上升至 2007 年的 30%左右，是未来我国原油生产的重点开发地区。2009 年，新疆规模以上工业企业生产原油 2 513 万 t，为中国第二大产油省区，天然气 245 亿 m^3，连续 5 年中国第一。

新疆地处西部，地域辽阔，油气资源丰富。据全国油气资源第三次资源评价初步结果，新疆三大盆地石油资源量 209.22 亿 t，占全国陆上石油资源总量的 25.5%；天然气资源量达 10.85 万亿 m^3，占全国陆上天然气资源总量的 27.9%。截至目前，新疆已累计探明石油地质储量 27 亿 t，居全国第二位，其中：准噶尔盆地 18.5 亿 t、塔里木盆地 6 亿 t、吐哈盆地 2.5 亿 t；克拉玛依区地处准噶尔盆地西北边缘，是新疆石油生产的主力油田。

克拉玛依油田是新中国成立后开发的第一个大油田。50 年来，以克拉玛依油田为主体，相继开发建设了百口泉、夏子街、彩南及石西等 17 个油气田，油气资源十分丰富，石油总资源量为 86 亿 t，占全疆总资源量的 41%；天然气总资源量为 2.1 万亿 m^3，为全疆总资源量的 19.3%。截至 2008 年年底，探明率分别为 22.52%和 4.35%，勘探潜力巨大，资源基础良好，发展前景广阔。依靠科技进步和资金投入，克拉玛依的石油天然气资源开采量还有进一步提高的潜力与可能。

根据克拉玛依油田发展计划，“十一五”期间将加大天然气的开发力度，争取 2010 年天然气产量达到 50 亿 m^3，其中 10 亿 m^3 预计可用于地方经济的发展。作为国家重要战略资源，我国的天然气资源主要由中石油、中石化和中海油集团控制经营，天然气作为稀缺资源，价格存在不断上涨的趋势，化工生产对于天然气价格的承受力有限，因此天然气在我国的主要定位是清洁燃料而不是化工原料。克拉玛依的天然气资源全部由中石油集团控制，而中石油集团对新疆石油管理局给予特殊的扶持政策，在天然气的供应数量和价格方面，新疆石油管理局具有其他企业难以比拟的特殊优势，这就为将自然资源优势转化为可利用的原料优势，甚至经济优势提供了切实的保障，为在克拉玛依地区发展天然气化工产业打下了良好的原料基础。

2. 中国—中亚能源合作和中国能源安全大通道建设的地缘优势

目前我国石油的对外依存度已经达到 50%以上，经过波斯湾霍尔木兹海峡、马六甲海峡等全球极其敏感地带运输到中国的石油，已经分别占我国进口石油的 60%和 80%，给我国能源安全带来巨大挑战和风险。

中亚、俄罗斯及西亚、南亚地区石油资源储量丰富，特别是中亚西部的里海地区被称为“21 世纪的能源基地”。新疆是我国最接近中亚和西亚石油资源富集区的省区，具有无与伦比的地缘优势。通过新疆与上述地区的石油通道联结，经新疆向西连通里海油气资源开辟国家能源基地的陆上安全大通道，可以极大地缓解中国海上油气运输压力和风险。

已建成的中国—哈萨克斯坦和规划建设的中国—俄罗斯、中国—巴基斯坦—沙特阿拉伯等油气管线都将经过新疆，其中中—哈、中—俄管道通向克拉玛依。目前连接新疆和哈萨克斯坦的原油输送管线已建成输油，初期输送能力为 1 000 万 t/a，其中相当数量的石油作为独山子石化总厂的原料。随着中哈原油管道网络向哈萨克斯坦相关油田的延伸，远期原油年输送能力为 2 000 万 t/a。

建设中的中哈天然气管道与中哈原油管道平行，经过独山子、乌鲁木齐，在吐鲁番与西气东输管道并网。西气东输二线工程已列入国家“十一五”规划建设的重大项目，主要气源来自中哈天然气管道。西气东输工程西起新疆的霍尔果斯，东达上海，南抵广州和中国香港，跨 14 个省区市及特别行政区，包括 1 条干线和 8 条支干线，总投资约 1 500 亿元。干线全长 4 918 km，管径 1 219 mm，年输气量 300 亿 m^3。届时，西气东输二线工程将向克拉玛依和新疆提供天然气，保证生活用气和工业用气需求。

拟议中的中巴（中国—巴基斯坦）原油通道将是我国输油量最大、也是我国距主要油源地——波斯湾最近的能源通道，工程西南起自巴基斯坦的瓜达尔港，翻越红旗拉甫山口到达新疆泽普。工程建成后波斯湾、非洲的原油可以源源不断地输入中国，成为名副其实的能源安全走廊。

铁路能源运输将是新疆能源安全大通道的重要组成部分，目前已启动铁路长干线建设并取得重大突破。投资 60 亿元的精（河）—伊（犁）—霍（尔果斯）电气化铁路已于 2008 年建成通车。另外，精河—乌鲁木齐铁路复线、库尔勒—吐鲁番铁路复线、奎屯—克拉玛依和阿勒泰新建铁路相继建成，主要满足阿勒泰矿业开发和克拉玛依原油加工需要。

克拉玛依在中国向西开辟的陆上能源安全大通道战略中占据日益重要的地位，能源安全大通道建设和石油战略储备基地建设将为克拉玛依油气产业大发展提供强有力的原料支撑，也将为克拉玛依在中国—中亚能源合作中扮演更加积极的角色提供重要的契机。

3. 中国与中亚经贸文化合作与交流的前沿阵地

新疆地处亚欧腹地，是中国参与中亚经贸合作与文化交流的前沿阵地，在我国向西开放战略中占据日益突出的地位。

新疆现有对外开放的公路运输口岸 15 个，与周边 5 个国家开通 101 条出入境客货运输线路，已经成为中国开放公路口岸最多的省区。新疆在我国“外联内引、东进西出、向西开放”战略中具有得天独厚的地缘优势和先发优势。

2007 年 10 月，国务院出台《关于进一步促进新疆经济社会发展的若干意见》（国发[2007]32 号），新疆对外开放迎来前所未有的发展机遇。《若干意见》指出，要把新疆建成向西出口商品加工基地和商品中转集散地，进口能源和紧缺矿产资源的国际大通道，走出去开发能源资源和开拓国际市场的“新欧亚大陆桥”，建成依托内地，面向中亚、南亚、西亚乃至欧洲国家的出口商品和区域性国际商贸中心，形成西部陆上开放和东部沿海开放并进的对外开发新格局。

2009 年 12 月 12—14 日，国家主席胡锦涛对哈萨克斯坦、土库曼斯坦进行工作访问时指出：中哈、中土经济互补性强，合作潜力巨大。双方开展全方位、多领域的互利合作，符合两国经济发展需要。并就加强务实合作提出四点建议：尽快启动中哈、中土合作委员会机制，深化两国能源领域合作，加强非资源领域合作，落实好双方商定的贷款项目等。要继续扩大人文合作，对巩固中哈、中土两国友好基础、促进双边各领域合作具有积极作用；不断加强文化、体育、教育、新闻、卫生、旅游等领域交流合作，积极开展文化交流和民间交往，推动文艺团体、民间组织、新闻媒体、学术机构交往，加强教育领域合作。

因此，我国与中亚、南亚和西亚国家除继续深化能源合作外，还将在经贸、文化、教育、旅游、反恐等非能源领域进一步开展务实合作，力求取得重大突破。这为新疆实施“向西开放”战略提供了广阔的发展空间。克拉玛依地处新疆西北边缘，依托天山北坡经济带、北疆铁路沿线城市群、北疆密集的对外开放口岸等有利条件，完全可以在新疆“向西开放”战略中扮演更为积极的角色，发挥更为重要的作用。

4. 优越的交通和区位优势

克拉玛依地处准噶尔盆地西北边缘和天山北坡经济带西部，目前已建成公路、铁路、航空和管道运输四位一体交通网络，是北疆重要的区域性交通枢纽。

克拉玛依市域范围内已形成了“一纵三横”的过境道路骨架，初步形成东至乌鲁木齐、南至南疆、西至塔城、北至阿勒泰的四通八达的网络。“一纵”即连接南北疆的 G217 国道（阿勒泰—独山子—库尔勒）；“三横”即连接乌鲁木齐与克拉玛依的 201 省道，连接独山子与奎屯的 218 省道，连接克拉玛依与塔城的 221 省道；以及东西方向联系新疆与内地、连接乌鲁木齐与霍城的 G312 国道。

4D 级克拉玛依新飞机场已于 2006 年建成通航，距离市区 15 km，可降落波音 757 客机，是乌鲁木齐国际机场最近的备用机场。目前已开通克拉玛依—乌鲁木齐航线，经乌鲁木齐转机可达北京、上海、广州、西安、成都等城市。

作为北疆铁路专用线，途经克拉玛依区、白碱滩区、乌尔禾区的奎—北铁路于 2007 年动工兴建，目前已经连接至克拉玛依中心城区，即将进入货运试运行阶段。奎—北铁路将联通“兰新”线（兰州—新疆），是我国西北部的能源通道之一。

随着石油产业的发展以及油气资源运输的需求，克拉玛依市已经形成了油气合一的管道运输系统。其中，原油管线 1 127.16 km，天然气管线 625.59 km。目前，管道总运输能力已达 1 300 万 t，实际输送量为 1 003.2 万 t。在新的石油炼化项目投产运营和中亚能源合作不断深化的条件下，油气管道将承担更大运输量。

作为北疆区域中心城市，克拉玛依位于新疆西北部，紧邻新疆沿边开放的伊宁、塔城、博乐三个边境城市和霍尔果斯、阿拉山口、巴克图三个陆路口岸，紧靠亚欧大陆桥，地缘优势明显，具有发展边贸的条件。自治区 2009 年初步计划安排 170 项自治区重点项目，其中铁路方面，将建成奎屯—北屯等 15 条铁路；公路方面，新疆将加快正在建设的国道主干线和国家高速公路网中的高速公路施工进度，克拉玛依的立体交通更为便利。经济空间分布的态势，使克拉玛依客观上具备区域中心城市的战略地位，并成为北疆地区经济发展的主要增长极。

5. 强有力的石油人才和科技支撑

随着油田开发和炼化业的发展壮大，克拉玛依已形成了集油田勘探开发研究、采油工艺、炼化科研等高等专业技术培训为一体的完整科研体系，具备炼化装置从设计施工，到开工、检修等完整的专业技术队伍，有十多万人从事石油和石化产业。中石油公司驻市企业具有一支高素质的管理、技术、生产队伍，为地方经济和企业发展奠定了良好的人才基础。

克拉玛依在油田勘探开发和炼化领域拥有一批有实力的科研单位、设计院所和专业工程队伍，拥有一所高等院校和两所专业技术学校，拥有各类在职专业技术人员 4.28 万人。2007 年依托中国石油大学国家大学科技园成立了中国石油大学克拉玛依科技园，开展产学研、科技合作、成果转化和产业推广等科技服务。目前，新疆油田公司、西部钻探公司、独山子石化公司、克拉玛依石化公司均建立了“博士后科研工作站”。2005 年首次获得并连续蝉联“中国优秀创新城市”、“全国科技进步先进市”等称号，2009 年科技部同意建立国家火炬计划克拉玛依石油石化特色产业基地。

近年来，克拉玛依专利及注册商标申请量、软件著作权登记继续位列全疆前列。克拉玛依已经有 16 家企业通过了国家高新技术企业认定，占全疆高新技术企业比例近 1/4。2009 年，克拉玛依获自治区优秀科技成果奖励占全疆的 1/4，其中企业完成的成果占获奖成果的 64%，说明民营科技企业和高新技术企业已经成为自主创新的重要力量。

6. 丰富的土地和风光等自然资源

克拉玛依市为新疆维吾尔自治区地级市，下辖独山子、克拉玛依、白碱滩、乌尔禾四个行政区，总面积 9 500 多 km^2，土地资源充足，土地面积超过上海市近 1/3。现有可利用土地总面积 1 400 万亩，而尚未被利用的土地面积达 940 万亩。虽然发展农业的先天条件不足，但发展工业和搞城市建设的用地条件良好，可以为克拉玛依可持续发展提供用地保障。

按照《全国风能资源评价技术规定》的要求，以年平均风功率密度＞200 W/m^2、200～150 W/m^2、150～100 W/m^2、100～50 W/m^2、＜50W/m^2 共 5 个等级，新疆被划分为风能资源丰富区、次丰富区、可利用区、季节可利用区、贫乏区五个区域。其中，克拉玛依地区属于风能资源可利用区，年平均风功率密度 100～150 W/m^2，有效风速小时＞3 000 h。本区具备安装中小型风机的风能资源条件，可发展中小规模的风电和独立运行的风电系统等，在额尔齐斯河河谷可采用风水互补发电系统。

克拉玛依市光热资源充足，全年日照时数 2 700 多小时，无霜期 180～210 天，光照时有效积温 3 500℃。光照时间长，昼夜温差大，降雨量稀少，形成了独特的荒漠地貌景观，有利于开展旅游业和开发新能源。

另据勘探，辖区内有煤炭资源量 5 491.3 亿 t，煤层气资源量 2.7 万亿 m^3，油砂矿资源量 1.3 亿 t。此外，还有天然沥青、石膏、芒硝等矿产资源可供开发利用。

7. 高效的地企协调发展优势

克拉玛依市因石油而诞生，又以石油为依托不断发展壮大，油田的发展对城市发展起着重要的推动作用。建市 50 年来，克拉玛依形成了独特的市局（油田）党委领导体制，并充分发挥这种体制优势，统筹协调好克拉玛依市和中央驻市石油石化企业、中央驻市石油石化企业之间以及石油石化企业与地方企业等各方面的关系，最大限度地整合全市资源，坚持做到发展共谋、责任共担、稳定共抓、环境共建、成果共享，带领全市各族人民破解改革发展稳定中面临的种种难题，促进了克拉玛依经济社会全面协调发展。

在长期的建设与发展历程中，克拉玛依市与中央石油石化企业形成了相互依存、相互融合、优势互补、共同发展的良好政企关系，形成了强有力的凝聚力和向心力，推动了克拉玛依整体协调发展。建市 50 年来，中央石油石化企业在克拉玛依城市建设、环境保护、农业开发、文化、教育、科技、医疗卫生、体育、旅游等各个领域，投入了大量的人力、物力和财力。特别是近年来，中央石油石化企业在城市基础设施及市政公用事业建设、资源型城市转型、节约型城市建设、环境保护、医疗卫生、扶贫帮困等方面的投入力度进一步加大。克拉玛依市在长期的发展过程中，牢固树立“为油服务”的思想，始终将推动石油石化企业加快发展作为所有工作的重中之重，切实发挥政府职能，从规划、土地、交通、税收、生活服务、安全保卫等各个方面，为油田开发建设提供全方位热情周到的服务，主动协调中央石油石化企业与自治区及周边地区的关系，不断改善和优化经济发展环境，创造良好的市场经济秩序，为中央石油石化企业提高竞争力、开拓市场、加快发展搭建优质高效的服务平台，全力支持中央石油石化企业加快发展。人大、政协以及各种人民群众组织，紧紧围绕中央石油石化企业加快发展这个主题，全方位提供政策、法律、智力支持，为中央石油石化企业的加快发展创造了良好的环境。

实践证明，在中石油集团公司发展战略的统一部署下，贯彻立足现实基础、明确各自定位、着眼资源共享、谋求共同发展的原则，以优化资源配置、优化产业布局、避免重复建设为重点，统筹协调好上市和未上市企业的发展，能够形成更趋完善的上中下游产业链，能够实现克拉玛依中央石油石化企业和地方经济社会的整体协调发展。

中石油公司是中央直属特大型综合能源企业，中石油驻地企业完成的工业总产值、工业销售产值、工业增加值、固定资产投资、研发投入、利润及税收等各项经济指标在全疆和克拉玛依占据相当大比重。中石油的继续投资和产能扩张，以及长期形成的融洽的企市关系对于克拉玛依地方经济社会发展起到了巨大的推动作用，而这种作用在国内类似石油城市尚属个案。这种优势对克拉玛依可持续发展将起到巨大的支撑作用。

8. 和谐稳定的社会环境

克拉玛依市已经建立起基本养老、医疗、失业、工伤和生育保险等全方位的社会保障体系，实现了参保人员“老有所养、病有所医、伤有所治、业有所保”的目标；社会保险覆盖面不断扩大，社会保险基金收、支、管日渐规范。克拉玛依在全疆率先启动了城乡居民基本医疗保险试点工作，制定出台了相关配套政策。全市所有离退休人员的养老金全部实行了按时足额社会化发放，社会化发放率保持在 100%；企业退休人员社会化管理率达到 95%以上。2008 年，克拉玛依还分别提高了低保救助标准，扩大了救助范围；制定了低保家庭住房补贴政策，实施了医疗、就业、慈善助学、住房、法律等援助工作。

截至 2008 年，克拉玛依市社会保险综合参保率达 96%以上，全年共有 5.5 万人参保；城镇人口登记失业率为 2%，城镇最低生活保障线以下人口比例为 0.05%，建立了完善的市、区、社区三级卫生服务体系，低保人群医疗救助率为 100%。城乡义务教育经费保障机制改革成效显著，取得了“两个第一”，即在全国第一个实现 100%救助贫困生的城市，在自治区第一个全面免除义务教育阶段杂费、借读费、课本费和作业本费的地州市，实现了更大程度上的教育公平。

克拉玛依全面推进和谐社区建设，不断完善社区联建工作机制，积极开展社区人才队伍建设工作，全面提升了社区工作者的职业素质，社区管理和服务水平显著提高。规范了社区楼栋自治理事会运作，“网格化管理、梯次式自治”的社区自治模式不断深化。2007 年克拉玛依中心城区启动数字化城市管理信息系统项目建设工作，同年通过国家建设部专家评审，2008 年 9 月通过国家住房和城乡建设部验收成为西北地区首个试点城区；近年来，克拉玛依先后获得“中国人居环境范例奖”、“国家卫生城市”、“中国优秀旅游城市”、“国家环保模范城市”、“全国创建文明城市工作先进城市”、“全国科技进步先进市”、“国家园林城市”等荣誉称号。

2009 年克拉玛依被科技部确定为建设国家可持续发展实验区。克拉玛依采取了一系列积极有效措施，加快国家级石油石化基地和国家生态城市建设，这些对克拉玛依经济、社会、资源、环境的可持续发展提供了重要支撑作用。

（二）劣势分析（Weakness Analysis）

1. 天然自然环境恶劣

克拉玛依地处准噶尔盆地西北边缘，属典型的大陆性气候，干旱少雨，年均降水量 109 mm，年均蒸发量 2 958 mm。克拉玛依是在不毛之地上建立起来的城市，天然自然环境恶劣，不适合人类生存，人工生态环境建设的成本高昂。

克拉玛依全境内几乎没有地表水资源，地下水资源也十分匮乏。目前，克拉玛依水资源主要由地表水、地下水两部分组成，水资源总量合计 6.047 亿 m^3（包括飞地独山子 1.01 亿 m^3）；其中，年地表水合计 4.937 亿 m^3，地下水 1.11 亿 m^3。2008 年，克拉玛依用水量为 3.070 6 亿 m^3，水资源略有富余。

根据发展规划，2015 年随着一批大型石油石化、煤电联产、克石化产能扩展项目等工程的实施，工业用水量将大幅增加，全市用水量将达到 3.91 亿 m^3；剩余水资源将只有 1.127 亿 m^3。若上游塔城地区饮水工程建成后遇枯水季节，全市用水将出现紧张情况。2020 年，30 万亩现代农业开发项目将建成投产，农业用水量将迅速增加，全市将有 0.523 亿 m^3 的用水缺口。对于飞地独山子区，2015 年和 2020 年将有 0.3 亿 m^3 和近 1 亿 m^3 的用水缺口。

另一方面，引水工程上游地区的工业、生活废弃物可能影响克拉玛依水质；据监测农业开发区内地下水位有明显抬升趋势，土壤可能逐渐盐渍化；石油开采和石油化工在生产过程中排放的废水是克拉玛依市主要工业污染源，油田开采和炼化作业将对地下水、地表水资源水质构成巨大的污染威胁。

总体来看，目前克拉玛依水资源供需基本平衡。但从发展的眼光看，水资源依然是制约克拉玛依市实现可持续发展的限制性因素。

2. 产业结构单一，抗风险能力薄弱

克拉玛依属于以第二产业为主体的资源型城市，产业结构单一，从第二、三产业内部结构分析可以看出其产业结构具有非常浓厚的“石油经济”特点。

2009 年克拉玛依市国内生产总值（GDP）为 480 亿元。其中，第一产业增加值由 2001 年的 0.5 亿元增加到 2009 年的 3 亿元；农牧民人均纯收入由 2002 年的 3 861 亿元增加到 2009 年的 7 876 元，翻了一番多。这是 2000 年引水工程的顺利实施带来的巨大成效，但是第一产业增加值占 GDP 的比重仅有 0.6%。同时，第一产业内部仍然存在农牧民增收渠道狭窄、农副产品加工深度浅、农业专业化和产业化经营水平低等突出问题。

第二产业增加值为 416 亿元，占 GDP 比重高达 86.7%，其中，石油天然气采掘业又占到 GDP 的 52.67%。这表明，克拉玛依产业结构是一个典型的石油采掘业占绝对主导地位的产业结构，其石油采掘、加工以及服务（如石油运输等）的产值占 GDP 的比重合计在 90%以上。与之相适应，克拉玛依劳动力就业总量中，80%以上与石油产业有关。

2009 年第三产业增加值为 50 亿元，占 GDP 比重为 10.4%。分析克拉玛依第三产业内部构成可以看出，与其他非资源型城市不同的是，克拉玛依第三产业中最突出的行业部门是以交通运输、仓储及邮电通信为主的物流业，而非最能代表第三产业发展现状的批发零售贸易业及餐饮业。由于克拉玛依的交通运输等物流业主要是为石油主业服务，因此，这也说明克拉玛依的第三产业内部结构也带有“石油”色彩。

克拉玛依经济增长与国际油价和石化产品供求密切相关，城市经济结构自身调整的弹性很小。随着石油企业投入和消耗不断增大，石油产量增长速度逐步趋缓，直接传递到全市 GDP 的增长速度。尽管近十年来非石油经济增长很快，但 2008 年非石油经济所占比重仍只有 15%。按 2005 年的价格水平，石油工业每增减 1 个百分点，就影响全市 0.84 个百分点，而非石油经济增长 6.25 个百分点，才能拉动全市 1 个百分点。

以石油经济为特色的产业结构，是克拉玛依的优势所在。同时，由于结构单一，抗风险能力也弱。在这次金融危机中，克拉玛依产业结构单一的弊端已经显露无疑。

3. 新型工业化所需的土地和原料面临政策制约

目前，克拉玛依已进入加快发展和经济结构调整的战略机遇期，克拉玛依石化工业园区、独山子石化工业基地、乌尔禾油区扩大生产等，都需占用大量土地。但由于历史原因，克拉玛依许多达不到质量条件的耕地以及套耕在油田生产区的农副业基地全部被纳入基本农田范围，受上一级土地规划的制约，这部分土地用途一直未作调整，加之目前较高的工业用地出让价格和严格的土地用途变更管理政策，工业用地问题成为制约克拉玛依新型工业化建设的一大因素。

作为以石油石化产业为主导的资源型城市，加快推进新型工业化建设，最现实的选择就是依托和利用资源优势以及经过 50 年积累形成的资本、技术、管理等优势，从本地实际出发，提高对油气资源的精深加工能力，延长产业链条，大力发展石化下游产业，形成有自身特色的石化产业集群。而发展油气化工下游产业所必需的石化原料资源由国家统一配置，地方基本没有支配权，这成为制约发展石化下游产业的主要瓶颈。

4. 区域经济联动不够、产业关联度较低

新疆现有一类口岸 17 个，二类口岸 12 个，并且主要集中在克拉玛依所处的北疆地区，是全国陆上开放口岸最多的省区，具有向西开放的天然地缘优势。

但是，由于克拉玛依地处北疆内陆，主要与塔城地区的和布克赛尔、额敏、托里、沙湾、乌苏，以及伊犁州直的奎屯市等市县接壤，缺乏沿边优势，在克拉玛依没有设置开放口岸。因此，克拉玛依对外开放和经济合作将主要依托和受制于周边的塔城、博州、阿勒泰和伊犁地区的对外开放口岸。

另外，克拉玛依产业结构单一，主要产业为油气一次开采业，油气产业链的前端和下游产业，而非油产业发展缓慢，因此克拉玛依的经济在某种程度上呈现出“孤岛经济”色彩，与周边地区的产业关联弱。周边地区的经济发展不能促进克拉玛依的可持续发展，克拉玛依的经济发展也不能拉动周边地区的经济发展，克拉玛依的经济转型和可持续发展更多的是依靠自力更生。

（三）机遇分析（Opportunity Analysis）

1. 中石油建设综合性国际能源公司目标定位和发展思路带来了历史机遇

中石油在继续大力实施资源、市场、国际化战略的基础上，提出了建设综合性国际能源公司的奋斗目标。其主要举措是：①坚持油气并举，进一步加快天然气业务发展，不断夯实资源基础。②坚持国内外业务并重，进一步提高国际化水平，切实增强在全球范围内优化配置资源的能力。③坚持上下游一体化，进一步加快炼化结构调整和营销能力建设，努力实现产炼销协调发展。④坚持综合一体化，进一步提高工程技术服务等业务的保障和竞争能力，努力实现整体协调发展。⑤坚持推进绿色发展，以节能减排和清洁能源开发为抓手，加快建设资源节约型、环境友好型企业。⑥坚持以人为本，进一步推进民生工程建设，维护和谐稳定发展环境。

中石油在追求建设综合性国际能源公司的奋斗目标过程中，并没有停留在口号上，而是采取了许多实际行动，比如中俄原油管道开工，中亚天然气项目一期工程竣工，中缅原油管道合作开启，中国第一个数字化规模化煤层气田——沁水煤层气田投入运营，进入伊拉克工程技术服务市场，收购克拉玛依市商业银行，甚至在生物液体燃料发展及二氧化碳的捕获、封存和利用等方面，中石油也成了中国的“先行部队”。

中石油建设综合性国际能源公司为克拉玛依市金融业的发展和地方企业在石油工程技术服务领域做大做强，促进地方经济发展提供了难得的历史机遇。

2. 我国发展低碳经济和新能源建设带来了难得的发展机遇

中国科学院《2006 年中国可持续发展战略报告》选取一次能源、淡水、水泥、钢材和常用有色金属的消耗量计算节约系数，对世界 59 个主要国家的资源绩效水平进行了排序，结果表明丹麦是资源绩效最好的国家，中国仅排在第 54 位，属于资源绩效最差的国家之列。降低我国单位 GDP 能源和资源消耗，节能降耗，走低碳经济发展之路是我国经济社会发展的必然选择。

为此，我国政府已将到 2020 年单位 GDP 能耗比 2005 年降低 40%～45%的节能减排目标作为约束性指标列入国家发展战略，出台了一系列评价指标、统计监测考核办法，并推出了一系列发展低碳经济、新能源建设、节能环保和应对气候变化等方面资金、技术、项目和政策等支持优惠措施。

低碳经济，就是最大限度地减少煤炭和石油等高碳能源消耗的经济，也就是以低能耗低污染为基础的经济，是建立在低碳技术基础上的经济发展模式。低碳技术涉及电力、交通、建筑、冶金、化工、石化等部门以及可再生能源和新能源、煤的清洁高效利用，油气资源和煤层气的勘探开发等新技术。

克拉玛依地处我国西北边疆，生态环境脆弱，是一座以油气资源产业为主导的资源型城市，油化经济占据相当大比重，非油产业和替代产业发展缓慢，可持续发展战略调整势在必行。在国家经济社会发展方式重大调整的战略机遇期，克拉玛依如果找准自己的定位，并结合自身特色和优势资源，充分利用国家的优惠政策，大力发展低碳经济和开展新能源建设，完全有可能找到一条实现可持续发展的新路子。

3. 国家实施更加积极的资源型城市可持续发展战略带来了潜在的发展机遇

目前，我国共有煤炭、森工、石油等各类资源型城市 118 个，其中煤炭城市 63 座，有色金属城市 12 座，黑色冶金城市 8 座，石油城市 9 座。2001 年，国务院确定阜新为全国第一个资源型城市经济转型试点城市，2008 年和 2009 年又分两批认定了 44 个国家资源枯竭城市。2008 年，原国务院振兴东北地区等老工业基地领导小组办公室的职责划入国家发展改革委，成立了东北振兴司，并设立资源型城市发展处，专门推动全国资源型城市可持续发展工作。

近年来，党中央和国务院多次召开重要会议研究资源型城市问题，十六大报告明确提出支持以资源开采为主的城市和地区发展接续产业；《关于实施东北地区等老工业基地振兴战略的若干意见》把资源型城市经济转型作为老工业基地调整改造的重点和难点，要求研究制定支持资源型城市经济转型的政策措施。十七大报告再次强调要加大对矿产资源开发等地区的转移支付，“建立健全资源开发有偿使用制度和补偿机制，对资源衰退和枯竭的困难地区经济转型实行扶持措施”；国务院历年政府工作报告、《国民经济和社会发展第十一个五年规划纲要》均明确支持资源型城市实现经济转型和可持续发展。

2007 年 12 月国务院发布的《关于促进资源型城市可持续发展的若干意见》（以下简称《若干意见》）是新中国成立以来第一次专门针对资源型城市可持续发展问题的综合性政策文件。《若干意见》明确提出了“2015 年前，要在全国范围内普遍建立健全资源开发补偿机制和衰退产业援助机制，使资源型城市经济社会步入可持续发展轨道”的目标。《若干意见》同时提出资源型城市可持续发展的五大任务和六大政策措施。五大任务是建立健全资源型城市可持续发展的长效机制；大力发展接续替代产业；促进就业，消除贫困，维护社会稳定；加强环境整治和生态保护；加强资源勘查和矿业权管理。六大政策措施：一是设立针对资源枯竭城市的财力性转移支付；二是改革资源税制度，完善资源税计税依据，调整资源税负水平，增加资源开采地的财政收入；三是尽快建立资源型企业可持续发展准备金制度；四是鼓励金融机构在防范金融风险的前提下，设立促进资源型城市可持续发展专项贷款；五是安排部分国债资金和中央预算内建设资金集中扶持东北地区资源型城市可持续发展专项；六是财政部门加大支持力度帮助解决东北地区和中西部地区资源枯竭城市厂办大集体等历史遗留问题。

在《若干意见》颁布后，国务院有关部委对资源型城市和试点城市、有关省市和地区相继出台了一系列的促进资源型城市转型和可持续发展的政策措施。

克拉玛依是石油资源型城市，尚未进入资源枯竭阶段。国家出台的资源型城市转型扶持政策，可以为克拉玛依所利用；资源枯竭型城市转型经验可以为克拉玛依所借鉴。

4. 国家对新疆经济社会发展的强有力支持提供了坚强的后盾

（1）国家对新疆经济社会发展做出了“稳疆兴疆，富民固边”的战略部署

国家历来高度重视新疆工作，特别是随着西部大开发战略的不断深入推进，国家对新时期新疆经济社会发展给予了更大和更加有

力的支持。2004 年国家做出了“稳疆兴疆，富民固边”的战略部署。2005 年国家对新形势下对口支援新疆工作进行了安排，制定并实施《兴边富民行动“十一五”规划》；同年，国家颁布《关于进一步加强民族工作加快少数民族和民族地区经济社会发展的决定》，明确将发展作为解决民族地区困难和问题的关键，强调随着国家综合实力不断增强，中央将继续加强对少数民族和民族地区经济社会发展的扶持，完善与民族区域自治制度相适应的政策性转移支付制度，帮助民族地区建设一批对带动当地经济社会发展起重大作用的基础设施项目，优先安排同各族群众生产生活密切相关的中小型公益性项目。

2007 年，国家出台《关于进一步促进新疆经济社会发展的若干意见》（国发[2007]32 号），新疆经济社会发展迎来重大的发展机遇。该文件明确提出了促进新疆经济社会发展的总体要求、指导原则、基本思路、战略目标和战略重点、重大项目和政策措施。指出“新疆在我国发展和稳定大局中具有特殊重要的战略地位，是我国重要的能源资源战略基地，是西部地区经济增长的重要支点，是我国向西开放的重要门户和西北边疆的战略屏障。促进新疆经济社会发展是提高新疆各族人民生活水平，实现全面建设小康社会目标的必然要求；是深入推进西部大开发和促进区域协调发展的重大举措；是培育新的经济增长点和拓展我国经济发展空间的战略选择；是促进东中西部互动和发展全方位对外开放的重要部署；是加强民族团结、维护国家统一、保障边疆安全的迫切需要”。

2009 年 8 月 25 日胡锦涛总书记视察新疆，作了题为《坚持一手抓改革发展，一手抓团结稳定，加快建设繁荣富裕和谐社会主义新疆》的重要讲话。讲话指出，面对新形势新任务，要坚定不移地贯彻中央关于新疆发展和稳定的总体部署，大力实施“稳疆兴疆、富民固边”战略，坚持以经济建设为中心、进一步推动经济社会又好又快发展，坚持维护社会大局稳定、进一步促进安定和谐，坚持把加强民族团结作为实现长治久安的根本之策、进一步巩固和发展各民族大团结，着力推动科学发展，着力深化改革开放，着力改善人民生活，全面推进经济建设、政治建设、文化建设、社会建设以及生态文明建设，全面做好党的建设各项工作，加快建设繁荣富裕和谐的社会主义新疆，加快实现全面建设小康社会和社会主义现代化建设的宏伟目标。按照这个总体要求，做好新疆工作的关键是要处理好发展和稳定的关系，始终坚持一手抓改革发展，一手抓团结稳定，自觉做到“三个不动摇”，即坚持以经济建设为中心不动摇；坚持维护社会大局稳定不动摇和坚持各民族共同团结奋斗、共同繁荣发展不动摇。

（2）国家应对国际金融危机的刺激内需政策有利于新疆和克拉玛依的发展

从近期来看，受国际金融危机、国际大宗能源和有色金属商品价格回落以及中石油集团战略调整的多重影响，自 2008 年 10 月以来，新疆和克拉玛依地方经济增速和地方税收增长双放缓。但是，国家和中石油积极应对，加大了对新疆的扶持力度，新疆和克拉玛依面临难得的发展机遇。

① 新疆近期开工建设了一大批重大民生、重大基础设施和重大生态环境工程，一批重大项目即将建成投产，加快发展的基础越来越坚实。如：2009 年 9 月 24 日开工的克拉玛依独山子 540 万 m^3 国家石油储备库项目，投资额达 26.5 亿元，本期工程建设规模为 300 万 m^3，预计 2011 年 7 月建成；以及同期开工的西气东输二线北疆供气工程，其中包括向独山子石化公司供气支线，长 8.5 km，设计年输量 6 亿 m^3，作为中亚能源通道中国境内第一站，届时乌鲁木齐—昌吉地区、独山子石化、乌鲁木齐石化将成为中亚天然气的第一批受益者。

② 大企业大集团战略的实施已经取得显著成效。引进了 75 家国内 500 强、15 家世界 500 强企业参与新疆优势资源开发，更加奠定了新疆新型工业化的发展基础，推动优势资源转换战略深入实施。

③ 新疆承接内地产业转移的力度不断增大，极大地激发了社会资金投入。

④ 全方位对外开放格局更加完善，向西陆上大通道和连接内地沿海的通道更加顺畅，对外开放发展水平不断提高。

⑤ 改革开放 30 年来，新疆经济社会持续快速发展，物质基础更加雄厚，人均生产总值已接近 3 000 美元，工业化、信息化、城市化、市场化、国际化正全面提速，已有的优势更加突出，潜在的优势日益显现。

目前，新疆和克拉玛依正面临深化优势资源转换战略的大好时机，应更加坚定不移地推进石油石化工业、煤电煤化工和优势矿产资源的开发利用。当前国际能源、原材料等大宗商品价格高位回落状况，更有利于新疆充分发挥向西开放的地缘优势，以较低成本更好地利用周边国家能源和重要资源，扩大对周边国家的经济贸易，开辟中国能源和战略资源的陆上大通道。

面对欧美国家消费需求不振的严峻形势，新疆和克拉玛依有条件进一步落实“走西口”计划，积极开拓中亚、西亚、南亚、东欧及俄罗斯市场，充分发挥向西开放的地缘区位优势，加快建设国家向西出口加工基地、中转集散地和物流大通道。

(3)“七五”事件后中央对新疆发展给予高度关切

“七五”事件对新疆的经济社会发展造成了严重影响，同时也凸显了新疆在国家发展战略布局中的重要作用。“七五”事件后中央的新疆政策调整步伐明显加快，突出表现在“七五”事件后胡锦涛、温家宝等党和国家领导人先后视察新疆，对新形势下新疆的发展和稳定工作做出重要批示和重大部署。

为贯彻落实胡锦涛新疆工作重要讲话精神、国务院《关于进一步促进新疆经济社会发展若干意见》的文件精神，2009 年 11 月 4 日以来，几乎包括中央各部委的以刘云山、马凯和杜青林为组长的三批中央调研组考察新疆，广泛深入开展调研，研究提出实现新疆经济社会跨越式发展、促进新疆长治久安的基本思路、重点任务和重大措施。此次中央调研旨在深入研究新疆经济社会发展中带有根本性、全局性的重大问题，主要围绕经济发展、对外开放、改善民生、对口支援、教育文化、民族宗教、党的建设、生产建设兵团发展、维护稳定和涉疆外交十个方面。

刘云山指出，要贯彻落实胡锦涛总书记和中央其他领导同志近期关于新疆工作的一系列批示和重要讲话精神的具体行动。要以中央领导同志的讲话和中央有关文件精神为指导，就加强和改进宣传文化阵地建设、传播能力建设、学校教育、意识形态领域队伍建设、涉疆外宣、涉疆外事等重大课题深入研究，提出符合全局和新疆需要的重大决策建议和措施办法，为国家安全、经济发展、民族团结、社会稳定提供坚实的群众基础、有力的思想保证和强大的精神动力。

马凯指出，要立足国务院《关于进一步促进新疆经济社会发展若干意见》精神，在落实上进一步加大力度、加快进度，做到“认识要深化、举措要实化、力度要强化”，在事关实现新疆跨越式发展和长治久安的重点环节、关键举措上有新突破。要抓住重点，突破难点，深入研究新疆经济社会发展中的重大问题，坚持高起点、抓要害、强举措、讲实效，力争多提一些含金量高、创新性和可操作性的新政策和过硬的举措。

杜青林指出，要坚持以科学发展观为指导，注重调研的科学性；要着眼国际国内大局，注重调研的全局性；要准确了解把握新疆实际，注重调研的针对性；要勇于探索创新，注重调研的创新性；要着力推动解决突出问题，注重调研的实效性，切实提出符合以人为本、全面协调可持续发展思想的政策措施。

为推动新疆经济社会加快发展，2010 年 5 月国家出台了一系列援助新疆的最新政策：在新疆率先进行资源税费改革，将原油、天然气资源税由从量计征改为从价计征；对新疆困难地区符合条件的企业给予企业所得税“两免三减半”优惠；中央投资继续向新疆自治区和兵团倾斜，“十二五”期间新疆全社会固定资产投资规模将比“十一五”期间翻一番多；鼓励各类银行机构在偏远地区设立服务网点，鼓励股份制商业银行和外资银行到新疆设立分支机构；适当增加建设用地规模和新增建设用地占用未利用地指标；适当放宽在新疆具备资源优势、在本地区和周边地区有市场需求行业的准入限制；逐步放宽天然气利用政策，增加当地利用天然气规模等。

完全有理由相信，有中央和国务院有关部委促进新疆经济社会快速发展的政策措施和 19 省市对口支援新疆，新疆和克拉玛依必将迎来更好的发展机遇和发展未来。

5. 新疆大力发展天山北坡经济带带来了率先发展的机遇

《新疆国民经济和社会发展“十一五”规划纲要》提出“优化发展天山北坡经济带、构建以乌鲁木齐城市圈为中心的天山北坡经济带城市群”重大战略布局和深入推进优势资源转换战略，克拉玛依发展面临难得的历史机遇。《规划纲要》指出，乌鲁木齐—克拉玛依—阿拉山口的天山北坡经济带要以推进新型工业化为重点，构筑新疆特色经济的产业集群，建设成为具有较强创新能力、基础完善、开放度高、结构合理的外向型、多功能、现代化的经济区域，更好地带动和辐射全疆经济发展。

天山北坡经济带有两个重点地区和增长引擎，一个是乌昌地区，另一个是包括克拉玛依、奎屯、乌苏在内的金三角地区。其中，乌昌地区具有丰富的煤炭资源，发展定位是建成一个大型煤电煤化工基地；克拉玛依金三角具有丰富的油气资源，将依托独山子千万吨炼油、百万吨乙烯工程、西气东输二线、石油化学工业园等为载体和牵引，建设成为新疆最大最重要的石油化工基地。

随着天山北坡经济带和北疆铁路沿线城市群优先快速发展，克拉玛依将在全疆发展中扮演先行者和排头兵的重要作用，克拉玛依富集的油气资源优势也将更快地转化为经济竞争优势而成为全疆率先发展的经济增长极。最近国家发改委课题组调研天山北坡经济带，预示着包括克拉玛依在内的天山北坡地区有可能得到国家和新疆自治区的强力政策支持。

（四）挑战分析（Threat Analysis）

1. 产业单一带来的可持续发展风险

克拉玛依具有丰富的石油天然气资源，其周边地区也具有丰富的煤炭、原盐、石英砂、石灰石、膨润土等矿产资源；但是这些能源、资源属于不可再生资源。随着国家对油气资源需求的逐年增加和克拉玛依一系列大型石油化工项目的建成投产，油气资源的开采量和开采强度将不断提高；开采强度的增加也必将导致开采难度和开采成本将逐步上升；油气资源开采面临枯竭危险和极大的生态退化威胁。据统计，截止到 2008 年年底，克拉玛依市辖区剩余原油探明可采储量为 15 887.72 万 t，其中稀油可采储量 11 563.31 万 t，稠油剩余可采储量 4 323.9 万 t。2008 年克拉玛依市辖区范围内原油年产量为 750.4 万 t，其中稀油 348.4 万 t，稠油 402.0 万 t。以上数据表明，按照 2008 年的开采水平，稀油可开采约 30 年，稠油仅能开采 10 年。

另一方面，油气资源为国家垄断战略资源，油气资源勘探、开采、炼制、运输、财税政策、生态补偿等环节均由中央统一控制和央企统一实施，作为资源所在地的地方没有多大的话语权，也不能享受较为合理的利益分成和生态补偿。地方油气配套企业所需的原材料种类、数量、价格及其供应时间等均由中央驻地企业统一调配和制约，停工待料事件时有发生，地方企业自我发展能力较弱。

2. 转型产业发展缓慢

由于克拉玛依高度依赖石油经济，又由于石油资源独特的战略地位和行业性质，长期以来，形成了独特的城市经济结构：从所有制结构来看，国有经济占主导，其他经济成分比较有限，国有经济中又以国家战略性产业——石油产业为主导，其他产业比重较小，中央直属企业占主导地位，地方企业比重较小。从产业结构来看，第二产业占主导地位，第一、三产业比重小。在第二产业内部，采掘业比重较大，加工业、装备制造业比重小，发展水平不高。以上因素导致克拉玛依资本的积累能力较低，经济增长基本靠投资拉动，地方中小企业缺乏成长性，城市经济发展活力不足。

克拉玛依很早就进行了产业转型的尝试工作，比如，引水工程完成后，大力发展生态农业，生态效益显著，但是由于用水成本高昂，并没有形成完整的农产品生产、加工和销售产业链条。第三产业中，由于城市人口规模不多，消费类服务业发展难有起色；生产类服务业正处于发展中。工业中，建立石化工业园区多年，不管是招商引资企业还是地方石油改制企业，一方面遇到了原料来源不稳定的制约，另一方面这些企业普遍存在产品雷同、技术含量低、市场表现不稳定等问题，发展较为缓慢。

3. 油气资源利益分配机制不完善

我国现行油气资源税费主要包括资源税、矿区使用费、矿产资源补偿费、石油特别收益金、探矿权采矿权使用费与价款五种。油气资源课税范围为开采的天然原油、专门开采或与原油同时开采的天然气，暂不包括煤矿生产的天然气。

首先，现有油气资源课税的级差调节不足，主要表现在：一是随着资源开发会使资源开采条件发生变化，而对这种变化进行跟踪测算是难以实现的；二是资源的价格变化也会导致级差变化，而现行的油气资源课税方式为从量计征无法调节这种级差。另外，从量计征对于油气资源使用量的调节力度较弱，同时也不能有效调节收入差距。

其次，单位税额总体偏低，资源所在地收益过低，不利于地方经济的发展。新疆石油资源税 30 元/t，天然气为 9 元/1 000 m^3，油气矿产资源补偿费率为 1%。原油基准价格 4 020 元/t（2007 年 1 月吐哈油田价格），西气东输工程的天然气出厂基准价为每立方米 0.48 元，两项合计不足石油价格的 2%，不足天然气价格的 3%。而同期英国石油开采税率为石油价格的 12.5%，俄罗斯为 16.5%。

油气资源开采面临资源枯竭和不可再生的矛盾，而且油气资源开采具有对环境的负外部性，因此应当对生态环境进行补偿。新疆的生态环境本来就十分脆弱，荒漠化土地面积达 79.59 万 km^2，然而在我国的资源税费体系中，缺少对环境保护的合理补偿机制，这极有可能造成资源型城市所在地生态的严重退化。

由于石油、天然气是关系国计民生的能源、原材料产品，属于国家垄断经营，创造的财富在国家、自治区和资源所在地之间的分配由国家计划决定，使得克拉玛依的财富积累模式从根本上有别于其他城市，呈现出高度的依赖性，突出表现在城市的经济总量与地方财力增长不相匹配。以 2007 年为例，全市新创造财富（GDP）515 亿元，其中近 60%（312 亿元）上缴国家和自治区，留在本地的部分包括劳动者报酬、地方财政收入、固定资产折旧等在内，合计 203 亿元，仅占 GDP 的 40%。其中劳动者报酬仅占 GDP 的 16.1%，而全国的平均水平是 40.6%，自治区是 44.6%。这一方面导致克拉玛依资本的积累能力低，从而影响再投资能力；另一方面，造成居民收入和地方财政增长缓慢，财力紧张的状况长期难以缓解。2008 年，全市地方财政收入比 2007 年减少了 5 亿多元。

2009 年，由于受国际金融危机的影响，克拉玛依油田压缩产能，地方石油配套企业工作量锐减，石油企业效益明显下滑，加之成品油价格和税费改革等因素影响，以石油为主导产业的克拉玛依市财政收入减幅明显，而支出需求旺盛的矛盾日益突出。2009 年的地方财政收入比 2008 年又减少了 13.8%。

4. 来自周边地区的激烈竞争

根据发展规划，新疆将建设成为国家最大的石油天然气生产基地和国家能源陆上安全大通道，疆内将集中力量建设克拉玛依—独山子、乌鲁木齐、南疆和吐哈等四大石化基地。就全疆原油和天然气产量而言，主要集中在克拉玛依和南疆巴音郭楞，2006 年克拉玛依原油和天然气产量分别占全疆的 48.2%和 17.5%，巴音郭楞占比分别为 24.5%和 67%。但是克拉玛依产业结构单一，主要以一次油气开采业和石油炼制业为主，而硫酸、烧碱、合成氨、农用氮磷钾肥、碳化钙等其他资源和主要油气化工产品产量在全疆都是微乎其微。

近年来，油气化工产业已经成为新疆和西部省区的主导产业。总体而言，新疆一次原油、天然气产量占据相当大比重，下游石油化学工业发展严重不平衡，没有形成完整的产业链。与新疆相邻的甘肃、宁夏和青海等省区都已加大了发展石化工业的力度，如兰州石化乙烯工程的扩建，宁夏大型的煤制烯烃和油项目，青海的大型盐化工项目等；乌鲁木齐和泽普等地都在大力发展石油化工，新疆生产建设兵团也将发展石化工业作为壮大经济实力的重要手段。以 2006 年为例，新疆化学纤维、硫酸、烧碱、纯碱、农用氮磷钾肥、化学农药原药和乙烯等 7 种主要石化产品产量在西部 9 省区（不含西藏）中没有 1 种产量居第一位，3 种为第二位、4 种在 6～9 位之间，排名第二位的化学纤维、烧碱和乙烯产量均只有第一位产量的 1/4～1/2。因此，新疆油气化学工业在西部也处于规模偏小、实力偏弱的状况。

若以全国而论，大型石油炼制企业、大型化工企业等中下游产业多布局在东部沿海地区，而且接近市场需求地，新疆油气化学工业则处于更加不利的市场地位。

总体来看，克拉玛依具有油气资源优势，长期以来主要承担了资源和初级产品输出者的角色。发展精深加工不够，产生附加值不高，资源优势没有真正转化为现实的经济优势。在周边地区大干快上的激烈竞争态势下，有可能失去市场机会。

（五）发展战略选择

根据上述对克拉玛依的优势与劣势，以及面临的机遇和挑战分析，克拉玛依在未来要紧紧抓住机遇，发挥优势，弥补劣势，主动迎接挑战。具体而言可以采取如下多种的战略组合方式，实现城市可持续发展，参见表 5-2。

1. 抢抓机遇

（1）借势中石油综合化、国际化发展大势，实现产业发展多元化和国际化。

（2）发展低碳经济，发展新能源。

（3）发展战略接续产业，减少经济发展对资源的过度依赖。

（4）争取国家政策支持，壮大经济实力，力争成为天山北坡重要的经济增长极。

2. 发挥优势

（1）发展油气资源下游加工产业。

（2）依托科技和石油人才优势，发展高新技术产业和油气产业科技服务业。

（3）发挥我国与中亚能源合作大通道的地缘优势，搞好油气资源储备，为油气产业发展充实资源基础。

（4）发挥向西开放的地缘优势，提升经济发展的国际化水平。

表 5-2 克拉玛依市经济社会可持续发展战略选择

优势与劣势 / 战略选择 / 机遇与挑战	优势（S） 1．富集的油气资源优势 2．石油人才和科技支撑优势 3．中亚能源合作和通道门户 4．中国向西开放前沿阵地	劣势（W） 1．天然自然环境恶劣 2．产业结构单一，抗风险能力弱 3．土地、原料政策制约 4．区域经济合作不密切
机遇（O） 1．中石油建设综合性国际能源公司 2．低碳经济和新能源政策 3．资源型城市转型政策支持 4．中央对新疆的强力支持 5．大力发展天山北坡经济带	O+S 战略： 抢抓机遇，发挥优势	O+W 战略： 抢抓机遇，克服劣势
挑战（T） 1．产业单一带来的可持续发展风险 2．转型产业发展缓慢 3．油气资源利益分配不合理 4．激烈的外部竞争	T +S 战略： 迎接挑战，发挥优势	T+W 战略： 迎接挑战，克服劣势

3．迎接挑战

（1）积极向国家和中石油争取政策支持，增强经济发展的主动性和自主性，变被动依赖为主动合作。

（2）大力发展战略接续产业，深入推进油气资源上中下游一体化加工业，积极发展非油产业，努力实现产业的多样化。

（3）积极向国家争取政策支持，完善油气资源开发利益分配机制，使资源优势真正转变为经济优势。

（4）率先发展，取得先发优势，占领制高点，积极开展区域合作，努力实现区域共赢。

4．克服劣势

（1）强化投入，开展生态建设和环境保护，大力发展节水型经济。

（2）调整产业结构，提高油气资源精深加工比重，大力发展现代服务业。

（3）积极争取中央和中石油支持，努力破解土地和原料瓶颈。

（4）加强区域合作，努力实现区域协调发展。

综合上述战略组合，可以将克拉玛依市经济社会可持续发展路径归纳出四大战略，即：

（1）产业多元化战略；

（2）经济国际化战略；

（3）科技人才强市战略；

（4）城市转型发展战略。

第二节　经济社会可持续发展的总体部署

一、可持续发展的指导思想

坚持以邓小平理论和“三个代表”重要思想为指导，全面深入贯彻落实科学发展观，以城市全面、协调、可持续发展为主题，以推进科学发展为主线，以全面提高城乡居民福祉为目标，以改革创新为动力，更加注重推进经济转型和结构优化升级，更加注重统筹地企资源优化配置，更加注重加快科技、体制机制、管理和品牌创新，更加注重扩大对外开放和区域合作，更加注重加强资源节约和绿色环保，更加注重城乡统筹和区域协调发展，更加注重保障和改善民生。全力确保石油石化产业平稳较快发展，着力发展地方经济；全力抓好城市规划建设和精细化管理，着力发展公共服务事业，进一步提升城市现代化品质；全力维护社会稳定，确保社会安定和谐。走具有新疆特色和石油资源型城市地区特色的新型工业化和新型城市化道路，促进克拉玛依市经济社会全面协调可持续发展，率先在全疆实现现代化建设目标。

二、可持续发展的基本原则

（一）坚持产业转型升级，走多元发展之路

坚持走新型工业化道路，加快转变经济发展方式，加快推进经济转型升级，加快调整优化产业结构。实施以市场为导向的优势资源转换战略，大力推进以石油天然气等为重点的优势资源开发利用，延长油气产业链条，“做大做强做精做深”油气产业，打造具有核心竞争优势的国家级石化园区和产业基地。围绕和服务油气产业，大力发展先进油气装备制造业、油气高新技术产业和油气技术现代服务业，扶植有特色和有竞争优势的地方油气配套企业和中小企业。稳步推进高效、节水、生态和现代特色农业；大力发展具有边疆风情、石油经济特色和文化底蕴以及科普示范性质的现代旅游业，提升城市品位和知名度；紧紧抓住新疆“向西开放”战略机遇，建立向西出口加工基地和现代物流体系。坚决限制和淘汰劣势产业，推进产业高端化、低碳化、特色化、集群化和国际化，构筑层次高、能耗低、就业广、特色明的新型产业体系，全面提高产业发展层次和水平，提升经济发展的整体质量，促进克拉玛依经济走上健康发展之路。

（二）坚持科技人才立市，走改革创新之路

全面推进综合配套改革，更加注重体制机制创新，加快完善社会主义市场经济体制，逐步形成以改革促发展、促转型、促升级、促稳定、促和谐的新格局，为克拉玛依可持续发展创造更好的体制环境。全面推进科技创新，更加注重加强自主创新能力建设，把增强自主创新能力作为转变发展方式的中心环节，大力提高原始创新能力、集成创新能力和引进消化吸收再创新能力，提升油气产业技术水平。全面推进管理和品牌创新，更加注重培育自主品牌，把增强自主创新能力与培育自主品牌结合起来，以自主品牌带动自主创新，以自主创新提升自主品牌。建立以政府为指导、中央驻地企业

为引领、地方企业为支撑的创新体系，科学规划有市场潜力、有核心竞争力和有特色的创新产业和创新产品。重视人才工作，把人才作为产业转型升级的重要支撑手段，促进经济社会可持续发展。

（三）坚持地企协调合作，走共同发展之路

“克拉玛依市和油田公司主要领导一肩挑”是克拉玛依特有的体制优势，是加快地方经济社会发展的根本保证。充分发挥党政一把手总揽全局、协调各方的领导核心作用，强化市委的领导核心，对全市的政治、经济、社会、文化发展和社会稳定等各方面工作实行全面领导。加强对市人大、市政府、市政协和人民团体的领导，统筹协调好市委市政府、新疆油田公司、西部石油钻探公司、独山子石化公司、克拉玛依石化公司等各方面关系，使各方各司其职，各尽其责，相互配合，形成合力。

健全由市委、市政府、油田公司、西部石油钻探公司、独山子石化公司、克拉玛依石化公司组成的加快经济发展协调领导小组及协调运行机制。研究协调解决经济发展规划和政策措施实施中遇到的重大问题，确保经济社会全面协调发展。

根据克拉玛依的特殊情况，多层面、全方位建立沟通协调机制，特别是建立完善各大石油石化中央企业之间和中央企业与地方政府之间的沟通协调机制，真正做到发展共谋、责任共担、稳定共抓、环境共建，推进石油石化产业整体协调发展。

（四）坚持区域合作共赢，走协同发展之路

坚持“立足北疆、引领全疆、服务内地、辐射中亚、走向世界”的全方位、多层次开放战略，加快对内对外开放步伐，充分利用国际国内两个市场、两种资源，积极参与西部和中亚地区经济技术文化合作，全面提高开放型经济水平，形成以开放促发展、促转型、促升级、促和谐的全方位新型对外开放格局。紧紧抓住新疆加快天山北坡经济带和北疆铁路沿线城市群大力发展的战略机遇期，加快北疆区域合作与经济协调，联动南疆，充分发挥各地优势，强化分

工协作，寻求互利共赢，形成分工合理、各具特色、良性互动、协同发展的对内开放新格局。

（五）坚持保障改善民生，走和谐发展之路

更加注重保障和改善民生，全面提高居民生活质量，大力发展科技、教育、文化、卫生、体育等各项社会事业，全力推进“和谐克拉玛依”建设，加快推进基本公共服务均等化，实现人人享有基本公共服务和社会保障，形成全民共建共享的社会发展新格局。更加注重民主法制建设，正确处理改革发展稳定的关系，保持社会稳定。更加注重民族团结，切实保障少数民族的政治、经济、文化和发展权利，坚决打击“三股势力”，巩固和共享发展成果。

（六）坚持资源节约利用，走持续发展之路

坚持节约资源的基本国策，切实保护和集约利用水、土、林草、矿产资源，积极推广节能、节材、节水、节地技术，完善节约资源的相关政策和体制机制，建立资源安全保障体系，强化资源消费管理。提倡节能节地型建筑和节约型绿色消费模式，大力发展循环经济和低碳经济，促进资源高效循环利用，推动人口和产业协同集聚，提高集约发展水平，加快构建资源节约型经济体系，全力推进资源节约型社会建设。

三、可持续发展的战略定位

（一）可持续发展战略定位的依据

1. 历史和现实依据

（1）克拉玛依市因油而生

克拉玛依在维语中是“黑油”的意思，“克拉”即“黑”的意思，“玛依”即“油”的意思。克拉玛依油田是新中国成立后发现的第一个大油田，是新中国石油工业的起始地和奠基地。以 1955 年 10 月 29 日克拉玛依一号井出油为标志，3 年后的 1958 年国务院

设置克拉玛依市。可以说，先有克拉玛依油田，后有克拉玛依市，克拉玛依市因油而生。

（2）克拉玛依市因油而兴

1959 年克拉玛依的原油产量曾经占到全国原油产量的 40%，占据新中国石油工业的“半壁江山”。2002 年克拉玛依建成了西部第一个年产千万吨级大油田，现在正向年产 2 500 万 t 油气当量的大油气田迈进；克拉玛依油田实现连续 28 年油气产量稳产高产，50 年来累计生产 2 亿多 t 原油，为新中国经济社会发展作出了巨大贡献。

围绕油气资源，克拉玛依市形成了较为完整的油气产业体系。2009 年全市规模以上工业企业累计完成总产值 873.2 亿元（现价），其中中央石油石化工业累计实现工业总产值 813.6 亿元，占 93%。此外，克拉玛依市的固定资产投资、财政收入、人口就业等绝大部分与油气产业有关。可以说，克拉玛依市因油而兴。

（3）克拉玛依石油城市的成色十足

我国有 9 座石油资源型城市，分别为克拉玛依、大庆、松原、盘锦、东营、任丘、濮阳、玉门和库尔勒。玉门为石油枯竭型城镇。其他 8 座城市中，克拉玛依和大庆相类似，都是在不毛之地上拔起的石油城市，产业类型单一，油气开采和石油化工占据绝对份额，而其他城市尽管油气产业也占据相当高的比重，但非油产业也有一定的发展。可以说，克拉玛依与大庆一样，石油城市的成色十足。

2. 发展依据

（1）克拉玛依没有可以改变石油城市性质的其他自然资源

克拉玛依市境内除了油气资源外，还有煤炭、煤层气、油砂矿、天然沥青、芒硝、石膏等矿产资源。这些矿产资源在当地都不具备比较优势，不足以改变石油城市的性质。

克拉玛依市域土地面积 9 500 多 km^2，多为戈壁荒漠，水资源贫乏。“引额济克”引水工程实施后开发出 20 多万亩农用地，为克拉玛依生态环境的改善作出了显著贡献，但所生产出来的农产品不具备成本优势，也不会改变石油城市的性质。

根据《全国风能资源评价技术规定》，克拉玛依地区属于风能资源可利用区，具备安装中小型风机的风能资源条件，可发展中小规模的风电和独立运行的风电系统；克拉玛依市地处戈壁荒漠地区，光热资源充足。克拉玛依的风光资源开发有一定的潜力，但不具备大规模工业化生产条件，不可能培育出改变石油城市性质的优势产业。

（2）我国的能源安全战略需要克拉玛依这样的石油城市存在

我国的石油进口依存度较高，通过海上运输进口石油时常受到地区冲突、恐怖主义、海盗等威胁，通过新疆与盛产油气资源的中亚、俄罗斯合作建设陆上能源安全大通道是我国的国家战略。克拉玛依地处新疆西北部，是能源安全大通道从西部进入我国境内的第一站，长期以来开采油气资源积累的管理、技术和人才等优势可以用来服务于大通道建设。可见我国的能源安全战略需要克拉玛依这样的石油城市存在。

（3）克拉玛依的发展脱离不了油气资源开发

克拉玛依的经济高度依赖于油气资源开发，克拉玛依的就业也高度依赖于油气资源开发。脱离了油气资源开发，克拉玛依的经济就会成为无源之水，无本之木。可以说，克拉玛依的最大优势是油气资源，克拉玛依的发展脱离不了油气资源。

（4）油气资源开发具有生命周期

按照产业发展生命周期理论，克拉玛依的油气资源开发也具有生命周期，也将度过导入、成长、成熟、衰退四个不同的发展阶段。具体见图 5-2。

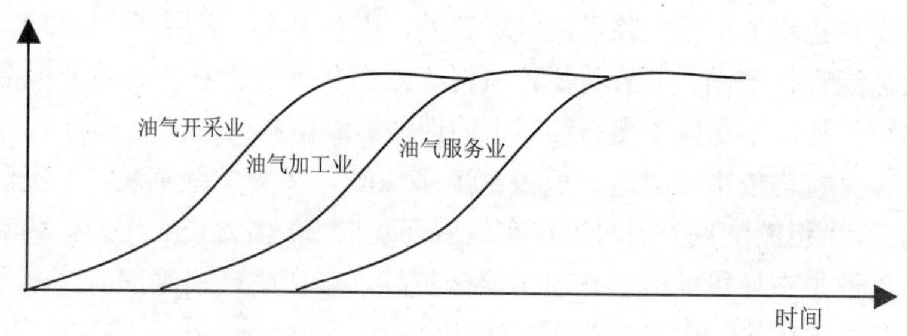

图 5-2　克拉玛依油气产业生命周期图

（5）克拉玛依油气产业还有广阔的发展空间

从 1955 年第一口油井开采起，克拉玛依的油气开采业已经度过了 55 年的光辉历程，目前已经步入千万吨级油田。通过科技进步和加强勘探，不断有新的油气田被发现，在一定程度上可以延长油气开采业的生命周期，但产能突破性发展的前景尚不明朗；在油气开采业基础上发展起来的油气加工业，其加工能力受制于油气开采业的规模、中石油留给克拉玛依的加工比例以及市场销售的规模等，存在着资源限制、政策限制、市场限制等因素，因此局限在克拉玛依的油气开采业谈论油气加工业，也很难说有多大的发展空间。但由于油气资源可以管道运输，油气加工业完全可以突破油气生产业的限制，甚至油气加工业的规模可以远远大于油气生产业。中亚富集的油气资源和中哈油气管道建设为油气加工业的大发展提供了资源保障。从这个角度来说，克拉玛依的油气加工业还有广阔的发展前景；在油气开采、油气加工基础上发展起来的油气配套服务业，包括油气配套机械、油气职业技术培训、油田劳务输出、油气金融服务、油气信息服务等产业，可以突破地域空间和资源限制，走出克拉玛依，走向全疆，走向全国，走向全世界。可以说，克拉玛依在油气资源开采、加工基础上发展起来的油气配套服务业，伴随着中石油建设综合性国际能源公司的发展目标，有广阔的市场发展前景。

（二）可持续发展战略定位及其内涵

1. 可持续发展战略定位

根据上述分析，可以将克拉玛依资源型城市可持续发展目标定位为“世界石油城市”，这是一个中长期奋斗目标，可以分阶段实施之。

第一个阶段是“石油立市”，其标志产业是油气开采业。1955 年开采出第一口油井，1958 年国务院批复成立了克拉玛依市，标志着“石油立市”阶段已经完成。

第二个阶段是“石油兴市”，其标志产业除了油气开采业，还有接续产业石油炼制和石油化工。从独山子千万吨级炼油工程和百万吨级乙烯工程的竣工投产、克拉玛依石化公司的发展和石化工业园区的建设以及石油石化产业在克拉玛依市占据极其重要的地位来看，“石油兴市”的阶段目标也已经完成。

第三个阶段是“石油强市”，其标志产业除了石油开采、石油炼制、石油化工外，还有接续产业石油配套服务业，包括油气配套机械、油气职业技术培训、油田劳务输出、油气金融服务、油气信息服务等产业。油气配套服务业是克拉玛依市积蓄力量打基础、调结构、促升级、创品牌的必然选择，也是克拉玛依市突破当地资源环境限制、政策限制和市场限制、实现可持续发展的必然选择。可以认为，克拉玛依市目前正处于“石油强市”阶段。

第四个阶段是“世界石油城市”，其标志是石油服务业在全球范围内有品牌、有实力、有影响、有话语权，可以作为克拉玛依市中长期可持续发展的奋斗目标。

2. 战略定位的内涵

建设世界石油城市是克拉玛依可持续发展的中长期奋斗目标，其内涵是：

油气资源是克拉玛依战略定位的基础条件。从历史到现实，从现实到未来，克拉玛依的发展无不体现油气特色，可以说，油气资源是克拉玛依战略定位的灵魂。

可持续发展是克拉玛依战略定位的永恒主线。建设世界石油城市，符合油气产业转型升级的客观规律和趋势，符合可持续发展的客观要求。建设世界石油城市，要自始自终把握可持续发展这条主线。

创新是克拉玛依战略定位的动力支撑。建设世界石油城市，离不开创新体系建设。油气资源精深加工、油气服务业发展和其他战略新兴产业发展，都离不开科技创新和人才的战略支撑，可以说，创新是克拉玛依建设世界石油城市的永动力。

多元文化是克拉玛依战略定位的内在灵魂。围绕油气资源开发，克拉玛依形成了独特的石油文化、移民文化和民族边疆文化。

随着中哈能源合作和向西开放战略的实施，国际文化将渗透到克拉玛依的战略定位之中，从而形成囊括石油文化、移民文化、民族边疆文化和国际文化在内的多元文化发展格局，共同推动克拉玛依建设世界石油城市。

精品城市是克拉玛依战略定位的空间支撑。建设世界石油城市，需要以高品质城市为空间支撑。这里的高品质包括城市的规划、硬化、绿化、美化、亮化、人性化、人文化、数字化和特色化等。

理想城市是克拉玛依战略定位的精神追求。建设世界石油城市的终极目标是为全体克拉玛依人民创造一个宜居、宜业、宜娱的工作生活环境，这个环境可以称之为理想城市，她是克拉玛依战略定位的精神追求。

四、可持续发展的战略目标

按照全面推进克拉玛依市经济社会全面转型升级和实现可持续发展的指导思想和基本原则，围绕克拉玛依在全疆和西部地区发展中的战略定位，克拉玛依“十二五”及中长期可持续发展的阶段发展目标如下：

“十二五”期间克拉玛依要紧紧围绕“国家加快新疆发展、新疆向西开放和加快天山北坡经济带发展、中石油转战西部以及中亚能源合作与大通道建设”的重要战略机遇期，加快实施“石油强市”战略，逐步把克拉玛依建设成为集油气生产、油气技术服务、炼油化工、国家石油战略储备和技术工人培训为一体的、国内最重要的石油石化基地；大力发展金融、信息、旅游三大新兴产业，增强地方经济发展活力；积极搭建高品质的城市、最安全的城市两大平台，为经济社会发展营造良好的外部环境；建设“世界石油城市”有明显的进展，城市的可持续发展能力切实得到保障。

到 2020 年建设“世界石油城市”取得显著的成效，城市的可持续发展能力明显提高。到 2030 年，建成“世界石油城市”的基本框架，城市的可持续发展能力显著增强。到 2050 年基本建成“世界石油城市”，城市的可持续发展能力在同类“世界石油城市”中处于前列。

1. 人口增长

2009 年克拉玛依市总人口（不含辖区内兵团人口）39.3 万人，其中常住人口 27.6 万人，常住人口自然增长率 4.79‰，暂住人口 11.7 万人。克拉玛依的人口增长具有以下几个方面的特征：一是已经进入了低出生、低死亡、低自然增长阶段，自然增长人口不多；二是农牧民人口不多，农牧民人口转变为城市人口的数量也有限；三是产业发展引起的外来人口聚集将构成人口增长的主流；四是人口短期增长不会对克拉玛依的可持续发展构成压力，但从中长期趋势来看，水资源的保障程度将构成人口增长的约束条件。从这个趋势判断出发，近期可以采取适度宽松的人口政策，中远期适度控制人口数量增长。2010—2015 年，总人口增长率控制在 4%以内，到 2015 年达到 50 万人；2016—2020 年，总人口增长率控制在 3.6%以内，到 2020 年总人口控制在 60 万人以内；2021—2030 年，总人口增长率控制在 3%以内，到 2030 年总人口控制在 80 万人以内；2031—2050 年，总人口增长率控制在 1%以内，到 2050 年总人口控制在 100 万人以内。

2. 经济增长

积极发展总部经济、低碳经济、循环经济、外向型经济，显著增强综合经济实力。2010—2015 年克拉玛依地区生产总值年均增长 13%左右，到 2015 年地区生产总值达到 1 000 亿元（2009 年价格，下同）；2016—2020 年地区生产总值年均增长 13%左右，到 2020 年地区生产总值达到 1 842 亿元；2021—2030 年地区生产总值年均增长 8%左右，到 2030 年地区生产总值达到 3 977 亿元；2031—2050 年地区生产总值年均增长 5%左右，到 2050 年地区生产总值达到 10 552 亿元。人均生产总值 2015 年达到 20 万元，2020 年达到 30.7 万元，2030 年达到 49.7 万元，2050 年达到 105.5 万元。

3. 调优结构

调整优化产业结构，不断增强经济发展的协调性和可持续性。稳步发展高效、生态、环保和节水现代农业，提高现代农业比重，

2015 年现代农业占 GDP 的比重达到 2%，2020 年达到 2.2%，2030 年达到 2.3%，2050 年达到 2.5%；深入贯彻实施优势资源转换战略，优化发展油气化工产业，壮大发展非油产业，扶植地方配套产业，显著增强第二产业竞争优势；改造提升传统服务业，大力发展现代服务业体系，显著提高第三产业占国民经济的比重，2015 年第三产业比重在 2009 年 12.9%的基础上提高到 15%以上，2020 年达到 25%以上，2030 年达到 40%以上，2050 年达到 60%以上。

4. 城乡发展

城镇化水平进一步提高，新农村建设稳步推进，到 2015 年城镇化率达到 90%，到 2020 年城镇化率超过 95%，到 2030 年超过 98%，到 2050 年超过 99%。进一步完善城市功能。依托智能油田建设，建设数字化城市，建设创新型城市、学习型城市，创建国家生态城市、全国文明城市，提升城市现代化品质和安全保障水平，提升城市的聚集与辐射能力，加快现代化建设步伐，推进国民经济和社会信息化。城乡一体化、农业产业化、农村城镇化、农民市民化基本完成。

5. 开放合作

坚持“立足北疆、服务全疆、面向全国、辐射中亚、走向世界”的全方位开放战略，促进经济增长和体制机制创新。紧紧抓住新疆“向西开放”、中亚能源合作和大通道建设以及新疆“优先发展天山北坡经济带”等战略机遇，在更大范围、更广领域和更高层次上参与疆内外和国内外竞争合作。尽快提升克拉玛依市作为北疆西北部区域中心城市的辐射力、影响力和带动力，加快融入北疆铁路沿线城市群和天山北坡经济带，扩大周边地区和边贸口岸的全方位交流合作。充分利用中亚能源大通道入疆门站和石化产业的特殊优势，争取在中亚能源合作、北疆区域合作和新疆“向西开放”战略中扮演更为积极和重要的角色。

6. 居民生活

城乡居民收入显著提高，生活质量显著改善，公共服务逐步均等化。2009—2015 年城镇居民人均可支配收入和农村居民人均纯收入年均增 8%和 12%，到 2015 年，城镇居民人均可支配收入达到 2.5 万元以上（2009 年价格，下同），农民人均纯收入超过 1.5 万元。到 2020 年，城镇居民人均可支配收入和农村居民人均纯收入分别年均增长 8%和 12%，城镇居民人均可支配收入达到 3.7 万元，农村居民人均纯收入达到 2.6 万元。到 2030 年城镇居民人均可支配收入和农村居民人均纯收入分别年均增长 7%和 10%，城镇居民人均可支配收入达到 7.3 万元，农村居民人均纯收入达到 6.7 万元。到 2050 年，城乡居民收入均等，城镇居民按年均增长 5%计算，农村居民按年均增长 5.4%计算，城乡居民人均可支配收入达到 19.4 万元。社会就业更加充分，城镇登记失业率 2015 年控制在 3%以下，2020 年 3%以下，2030 年 2.5%以下，2050 年 2%以下。

7. 社会进步

社会保障体系逐步健全。城乡居民社会保障覆盖面进一步扩大，保障水平进一步提高；覆盖城乡的医疗卫生服务体系逐步完善，实现基本医疗卫生服务人人享有；新型农村社会养老保险全面推开，到 2015 年新型农村社会养老保险基本覆盖全体农牧民。城镇居民社会保障覆盖面进一步扩大。到 2020 年，形成覆盖城乡居民的社会保障体系，基本社会保险覆盖率达到 99%以上，实现人人享有社会保障的目标。

社会事业全面发展。教育、科技、文化、卫生、体育等社会事业蓬勃发展，民主法制和精神文明建设进一步加强。社会事业经费投入持续增加，研究与试验发展（R&D）经费支出占 GDP 比重，2015 年超过 2.5%，2020 年超过 3%，2030 年超过 4%，2050 年超过 8%。

8. 生态环境

大力推行清洁生产发展机制，走更加注重节约资源、保护环境和提高能效的低碳经济发展之路，建设资源节约型和环境友好型社会。促进资源型产业结构向技术密集型、资本密集型和生产服务型产业结构转变，资源节约集约利用率大幅提高，单位地区生产总值能源消耗到 2015 年比“十一五”末再降低 20%左右，新能源占能源消耗比例达到 5%，2020 年超过 10%，2030 年超过 15%，2050

年超过 20%。

采取技术、法律、行政、经济等多种措施全力节约水资源，加强水资源保护和高效利用，大力发展生态、节水和高效产业，大力推行现代节水灌溉技术。水资源再生利用率有显著提高，万元工业增加值用水量比“十一五”末进一步降低，农业灌溉水利用系数进一步提高，单位面积灌溉用水量大幅度地降低。

加快建立生态补偿机制，注重生态功能区可持续发展，全力保护生态公益林区、水源地、引水渠等重点生态功能区，改善生态环境。

加强环境监测和环境治理，改善生态环境质量。重点行业污染物排放强度进一步下降，主要污染物排放总量得到有效控制；工业废水排放达标率、城市生活垃圾无害化处理率、城市污水处理达标率大幅度提高；营造适应环境特点、耐寒、耐旱、节水和方便管护的生态林业，稳步提高森林覆盖率，城区绿化率进一步提高。

克拉玛依“十二五”及中长期经济社会可持续发展主要指标预期如表 5-3 所示。

表 5-3　克拉玛依“十二五”及中长期经济社会可持续发展主要指标预期

主要指标	2009 年实际值	预测值				指标属性
		2015 年	2020 年	2030 年	2050 年	
一、经济发展指标						
1. 地区生产总值/亿元	480	1 000	1 842	3 977	10 552	预期性
2. 地区生产总值年均增长率/%	−1.2	13	13	8	5	预期性
3. 人均地区生产总值/万元	8.2	20	30.7	49.7	105.5	预期性
4. 非农产业增加值占 GDP 比重/%	98.3	98	97.8	97.7	97.5	预期性
5. 非公有制经济产值比重/%	—	15	20	25	30	预期性
6. 第三产业增加值占 GDP 比重/%	12.9	15	25	40	60	预期性
7. 高新技术产值占工业增加值比重/%	—	12	15	25	50	预期性

主要指标	2009年实际值	预测值				指标属性
		2015年	2020年	2030年	2050年	
二、社会发展与生活质量指标						
8. 总人口（不含兵团驻地人口）/万人	39.3	50	60	80	100	约束性
9. 城镇化率/%	—	90	95	98	99	预期性
10. 城镇居民人均可支配收入/万元	1.5	2.5	3.7	7.3	19.4	预期性
11. 城镇居民人均可支配收入年均增长率/%	3.9	8	8	7	5	预期性
12. 农牧民人均纯收入/万元	0.8	1.5	2.6	6.7	19.4	预期性
13. 农牧民人均纯收入年均增长率/%	9.4	12	12	10	5.4	预期性
14. 城镇登记失业率/%	<2	<3	<3	<2.5	<2	约束性
15. 新型农村合作医疗参保率/%	97	98	100	100	100	约束性
16. 基本社会保险覆盖率/%	96	98	99	100	100	约束性
17. 全社会研发经费占GDP比重/%	1.5	>2.5	>3	>4	>8	约束性
三、生态环境指标						
18. 万元GDP综合能耗降低率/%	—	[20]	[40～45]	[70]	[100]	约束性
19. 万元GDP综合用水量/（t/万元）	21.43*	20	18	15	10	约束性
20. 万元GDP CO_2减排/%	—	[20]	[40～45]	[70]	[100]	约束性
21. 城市污水处理达标率/%	89.07*	97	100	100	100	约束性
22. 城市生活中水回用率/%	—	20	30	40	50	约束性
23. 工业用水重复利用率/%	—	60	65	70	80	约束性
24. 建成区绿化覆盖率/%	38.59*	43	45	48	50	约束性
25. 新能源占能源消耗比率/%	—	5	10	15	20	约束性

注：*为2007年数据；[ ]里面的数据表示与2005年相比单位GDP综合能耗总降低率。

五、可持续发展的四大战略

克拉玛依要以建设“世界石油城市”为奋斗目标，以可持续发展为主线，以产业多元化、经济国际化、科技人才强市、城市转型发展四大战略为支撑，提升城市发展的核心竞争能力、可持续发展能力、抵御各种风险的能力和在全球石油市场的影响力。

（一）产业多元化战略

深刻吸取本次国际金融危机和大宗商品价格剧烈波动对克拉玛依影响至深的教训，顺应世界范围内资源型城市产业转型升级发展的客观经济规律，减少经济发展对资源环境的过分依赖，充分发挥克拉玛依石油科技和人才优势，加快实施产业多元化战略。

做大做强做精做深石油石化产业。全力支持中央石油石化企业加快发展，全力以赴为中央石油石化企业做好服务，积极协调各方关系，确保顺利实施一批特大型项目，优先加快发展石油石化产业，做大做强石油石化经济。延伸石油石化产业链，大力发展高技术含量、高附加值和绿色环保的石化“精深特”加工，加快扶持地方石油石化配套产业发展，建设国家级石油化学生态工业示范园区。

积极发展非油产业。立足地方特点和比较优势，科学选择非油产业，调整优化产业结构。积极发展高端石油技术服务业，选择发展具有核心竞争力的石油装备制造业，依托数字智能油田建设发展石油信息产业。加快风、光和特色资源开发利用，发展“风光”产业，积极稳妥推进碳汇生态公益林工程，发展低碳经济。大力发展具有边疆特色和石油经济特色的文化旅游产业，依托特殊地缘优势构建交流合作平台，发展会展产业，提升城市品牌形象和价值。

稳步发展现代农业。加快农田水利基础设施和输水管网建设，依靠科技进步发展高效、生态、节水农业，发展适合地区自然生态环境的现代特色农业，发展具有边疆地区特色的观光休闲生态农业。牢固树立“不求一般、但求特色，不求产量、但求效益，不求规模、但求环保”的发展理念，走高端化现代农业发展道路。

（二）经济国际化战略

为了彻底摆脱资源、环境和政策的制约，力求近期保增长、调结构、促升级、求稳定，中远期建设“世界石油城”，克拉玛依必须尽快实施经济国际化战略。

首先，要有“走出去”的思想准备，“跳出克拉玛依”，用更开阔的经济视野，在更广阔的发展空间上，充分利用国内、国外两种资源、两个市场，积极参与国际分工，通过产业转型升级，占据油气产业发展的高端链条，提升经济发展的国际竞争能力。

其次，要“绑定中石油”，将建设“世界石油城”的奋斗目标与中石油建设“综合型国际能源公司”的奋斗目标进行对接，甘当配角。中石油需要什么，克拉玛依地方就配套什么；中石油走到哪里，克拉玛依地方配套产业和配套服务就跟到哪里。通过中石油的国际化，实现克拉玛依经济发展的国际化。

第三，要查找和弥补自身的不足。克拉玛依长期以来一直从事油气开采、石油炼制和石油化工，形成了习惯性的路径依赖，对经济发展国际化难免不适应。要努力查找自身存在的不足，加强人才、科技、管理、国际交往等方面的战略储备，力求尽快形成生产力。

（三）科技人才强市战略

深入实施“科技兴油”、“科技兴市”战略，围绕“大油气、大石化”发展，突出勘探开发重大关键技术攻关，不断加快油气勘探开发步伐；综合治理老区，高效开发新区，实现油气开发并举，在天然气勘探开发上实现重大突破，增加油气产量；研究开发具有鲜明特色的炼化新技术、新工艺、新产品，引进吸收国内外先进技术，积极调整产品结构，大力发展石油天然气化工，加快下游产品开发，建成全疆最大的石油化工高新技术产业基地。

优先发展面向优势资源转换的科学技术，培育形成技术优势和产业优势，提高在优势特色领域高新技术企业的集聚程度，应用新材料及新技术，发展先进制造业、现代农业、新能源及高效节能和节水产业、环保产业，应用高新技术改造提升传统产业，走科技发展、创新增效之路。

继续加大全社会科技投入强度，创建具有克拉玛依特色的创新体系。充分发挥中央驻地企业技术研发中心和博士后科研流动站对科技创新和地方经济发展的引领作用，通过政策引导和资金扶植一批科技创新能力强的企业和技术研发中心，加快建设中国石油大学克拉玛依科技园。进一步改善科研基础设施条件，完善科技创新体系，建设创新型城市。

采取资金、技术、人才等多种政策措施扶植中小企业、非油产业和地方配套企业发展，增强地方经济活力和竞争力；积极推进中小企业信用担保体系和企业信息化建设，努力为企业排忧解难；加快技术创新、创业孵化基地建设，营造全面二次创新创业的良好环境。引导自主创业，鼓励创业带动就业，不断完善创业就业环境。

大力实施“人才强市”战略，加强科技人才队伍建设，基本形成人才支撑体系。围绕建设“数字克拉玛依”，大力促进信息技术的广泛应用和信息资源的深度开发与整合利用，加快信息产业发展。不断提高科学技术对全市经济和社会发展的贡献率。

建设高素质的人才队伍。加强党政人才、企业经营管理人才、专业技术人才和国际交流人才队伍建设，努力创建“学习型”城市。注重培养少数民族人才，着力提高人才队伍整体素质。以培养和用好现有人才为主导，建立健全人才激励机制，加快企事业单位技术专家、学科带头人和技术骨干队伍建设。不断优化人才结构，积极引进石油石化、金融保险、信息技术、旅游、文教卫生、高新技术等行业高层次人才和紧缺人才。创新思维和工作方式，发展一流的教育，建设一流的医疗，建设发达的通讯网络，营造秀美宜居的环境，打造一流的城市管理，大幅度提高城市的品质和美誉度，形成人才汇集和大企业总部落户克拉玛依的条件，使之成为推动克拉玛依市可持续发展的动力支撑和创新源泉。

（四）城市转型发展战略

目前的克拉玛依市，尽管人均 GDP 高居全国榜首，但主导产业油气开采、石油炼制、石油化工多为中石油集团控制，具有很强的垄断性和封闭性，与周边地区分工合作难度大，对周边地区带动力有限。城市生产功能过分突出，直接限制了新兴产业和战略接续产业选择的余地，十分不利于城市的可持续发展。为了实现建设“世界石油城市”的可持续发展奋斗目标，克拉玛依必须尽快实施城市转型发展战略，其方向是：功能多元化、建设精品化、环境生态化、影响区域化。

要拓展城市功能，实现城市功能的多元化。既要生产，也要生活；既要工厂，也要住房；既要收入，也要消费；既要传承，也要创新；既要经济，也要文化。要努力把克拉玛依打造成为生活之城、消费之城、创新之城、文化之城。

按照“高起点规划，高质量建设，精细化管理，全力打造高品质城市”的原则，将克拉玛依打造成为精品城市。首先从规划上充分体现现代品质、生态文明、资源节约、环境友好、低碳经济。进一步提高规划和土地管理工作质量。其次加强城乡基础设施建设，要高度重视建设项目的前瞻性研究，切实做好论证、筛选和储备工作。以打造功能完善、设施一流、信息畅通、管理有序、秀美宜居的生活环境为抓手，抓好城市发展规划，加强基础设施、公共设施和生态环境建设，大幅度提高城市的现代化水平。

克拉玛依市地处戈壁荒漠地区，降水稀少，气候干旱，天然植被稀疏，生态环境十分脆弱。要高度重视生态环境建设，维护生态平衡，加强资源节约和生态修复，努力实现政府的绿色管理，大力宣传可持续发展战略，倡导绿色 GDP、绿色行政审批、绿色政绩考核，引导城乡居民绿色消费，使可持续发展的理念深入人心。

紧紧围绕北疆西北部区域中心城市建设目标，壮大克拉玛依中心城区的经济、科技和人文实力，扩张城市人口规模和城市用地规模，加强克拉玛依与乌苏和奎屯的区域分工和合作，增强克拉玛依对北疆西北部的辐射力、影响力和带动力。

六、可持续发展的战略布局

克拉玛依市下辖的乌尔禾、白碱滩、克拉玛依、独山子四个行政区，基本上是沿 217 国道自北而南分布的，它们的发展与油气资源开采、炼制、加工息息相关。克拉玛依要提升可持续发展能力，实现建设“世界石油城市”的奋斗目标，就需要对城市空间结构进行优化调整。

（一）做大做强做精克拉玛依中心城区

克拉玛依可持续发展要构筑合理的市域城镇体系。遵循“组群发展，整体推进”的城市化发展方针，以全市域经济、社会、资源、环境协调发展为根本出发点，把克拉玛依市域内的城镇体系建设成为分工明确、功能完善、布局优化、规模合理、互动发展的网络体系。稳步扩大中心城市和城市组群的人口和产业规模，增强中心城市的凝聚力、竞争力和辐射力。

要做大克拉玛依中心城区的城市规模。建设“世界石油城市”，提升城市的可持续发展能力，要有一定规模的城市作为支撑。克拉玛依中心城区只有 20 多万人口，不利于城市转型发展。要在资源环境承载能力许可的范围内，适度扩大城市规模。近期，按照中等城市规模建设城市，中远期发展成为人口规模 80 多万的大城市。

要做强克拉玛依中心城区的经济实力。大力发展石油化工产业，延伸产业链条，提高油气资源开发的附加价值。大力发展第三产业和地方石油石化配套产业，增强地方经济发展活力。

要做精克拉玛依中心城区的规划建设。按照“高水平规划、高标准建设、精细化管理”的原则搞好城市规划、建设和管理。以人为本，和谐发展，把克拉玛依中心城区打造成为精品城区。

（二）构建合理的市域城市空间格局体系

克拉玛依可持续发展要遵循“组群发展，整体推进”的城镇化发展方针。以克拉玛依市的现状城镇空间布局为基础，在主要的城市经济联系方向上，形成北部由乌尔禾城区、乌尔禾乡、百口泉和137 团场构成的乌尔禾城镇组群，中部克拉玛依—白碱滩城镇组群和南部的独山子城镇组群（图 5-3）。

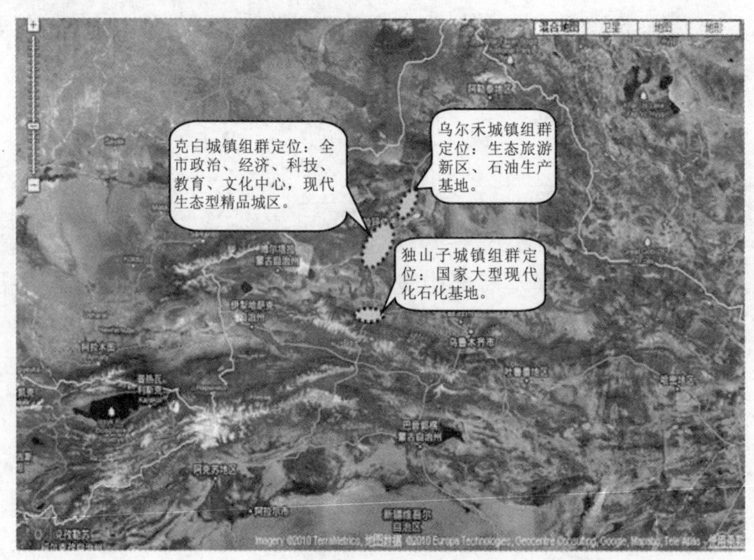

图 5-3　克拉玛依城镇组群战略定位示意图

克拉玛依区要按照“现代生态型精品城区”的要求加快建设成为“全市政治、经济、科技、教育、文化中心”；按照“国家级生态工业城区”的要求将独山子区建设成为“国家大型现代化石化基地”和全疆油气化工产业集群；将白碱滩区建设成为“经济、社会、生态和谐全面发展的新型工业特色城区”；按照“生态旅游新区”的要求将乌尔禾区建设成为“北疆北部旅游集散中心和石油生产基地”。

通过明确各组群功能定位和发展方向，使资源和生产要素在区域内实现优化组合，努力优化区域经济布局，构建各自特色鲜明的区域经济板块，通过推动各经济板块互联互动，协调发展，形成富有特色的克拉玛依区域经济发展新格局。

（三）科学确定各组群的战略布局

1. 克白组群

战略定位："全市政治、经济、科技、教育、文化中心"，"现代生态型精品城区"，"国家重要的石油石化基地"。

战略布局：东部战略性储备，西部择机开发，南部重点推进。

空间结构："双核五区"，即①克拉玛依中心城区：全市商贸、金融、文化和政治中心；②克拉玛依可持续发展试验区（规划）：为培育战略接续产业设立的新区，定位为国际企业总部和国际金融城基地、国际石油石化产品及技术服务交易基地、国际石油石化科技研发基地；③九公里生态新城区：城市休闲、居住为主的生态城区，结合机场的发展情况，预留空港国际物流园区；④克石化园区：以石油石化为主的现代化工业园区，结合铁路货运站场建设以石油生产物资和北疆生活物资集散为主的物流园区；⑤白碱滩城区：石油技术服务区和新型工业化城区，促进石油石化产业集群的形成，延长下游产业链。

2. 乌尔禾组群

战略定位："生态旅游新区"、"北疆西北部旅游集散中心和石油生产基地"。

战略布局：东稳、西活、南展、北拓。

东稳：由魔鬼城景区和 G217 国道马路经济组成。为保持景区原始性，不做人为雕琢。国道马路两侧，只进行符合城市风貌的局部改造。

西活：主要由农家乐 3A 景区和商贸服务区构成。结合风城油田作业基地生活区建设，以文化、商贸发展带活城乡经济一体化进程，形成新的旅游商贸经济带。

南展：依托城南白杨河，在生态恢复工程基础上，把生态环境建设和水域景观相结合，建设水域观光度假区，建设休闲旅游观光带。

北拓：重点开发建设文化演绎区，以乌尔禾乡、蒙古民俗文化为支撑，发展蒙古民族体育竞技场、蒙古生活场景实景演出，发展体验式旅游项目。

3. 独山子组群

战略定位：“国家大型现代化石化基地”。

城市用地的发展方向：向东延续既有的城市新区发展趋势。

战略布局：两区双中心、组团加绿楔。

两区指贵阳路以北的工业区和贵阳路以南的城市生活区。工业区和生活区之间保留控制一定宽度的防护隔离绿地。

双中心指该区规划用地以石化大道、南京路为界，将城市生活区划分为东西两个大区，并相应配置形成两个生活区商业文化中心。

组团指在旧城区通过适度改造，围绕商业中心形成若干个较清晰的居住组团；新区按照组团的方式来组织生活区，结合新区商贸办公中心统筹布局。

绿楔指在新区居住用地与北部石化工业园区之间建设 1 000～2 000m 宽的绿色隔离带，以“绿色生态绿楔”来引导城市用地发展的格局，从而有效地改善城区大气环境质量并形成良好的环境面貌。

第三节　经济社会可持续发展的重大战略任务

克拉玛依要积极稳妥地构建多元化的现代产业体系，形成第一、二和三次产业、油气化工产业和非油产业、传统产业和新型产业协调发展的良好格局；要全力推进“两型社会”建设，增强经济社会可持续发展能力；要加快建设“世界石油城市”，增强城市可持续发展能力；要坚定不移地统筹区域和“地—企”合作，增强经济社会协调发展的能力。

一、构建多元产业体系，增强经济可持续发展能力

（一）调整产业结构，明确产业发展方向

做大做强做精做深石油石化核心产业。要全力支持中央石油石化企业做大做强，逐步将克拉玛依建设成为集油气生产、油气技术服务、炼油化工、国家石油战略储备和技术工人培训为一体的、国内最重要的石油石化基地，打造成为世界的石油城。以打造中国西部和中亚地区石油技术服务基地为目标，大力支持西部钻探公司和工程设计公司做大做强，着力在生产技术、工程技术、工程建设、机械制造等方面谋求更大发展，创出品牌。

与中央企业一道，大力扶持地方企业发展油气技术服务高端业务，加大在原料供应、高端技术转让、市场开放等方面支持地方企业发展的力度，借助中央企业品牌优势，通过劳务输出、设备租赁等方式，帮助他们走出去占领外部市场，使其在油气生产技术服务和产品的中、高端领域有较快的发展，提高整体实力和市场竞争力。

加快发展新兴产业，积极培育多元产业。重点发展金融、信息、旅游这三个新兴产业，明确其发展的重点领域和具体措施，提高发展质量和水平。通过政府引导和积极培育，推动教育、医疗、养老等公益性事业当中具备条件的领域朝产业化方向发展；改造和提升商贸、流通等传统服务业，大力支持现代物流、节能环保、中介服务、物业服务等行业健康快速发展。

力促地方企业发展壮大。坚持扶优扶强，大力实施大企业、大集团战略。重点扶持一批科技含量高、比较优势大、吸纳就业能力强、具有较好品牌的地方企业，使其成为促进地方经济发展的骨干力量。抓住政策机遇，加大培育上市公司力度，加快地方企业上市进程。积极引导企业进行多种形式的重组整合，避免同业过度竞争。进一步加大对改制企业的帮扶力度，通过完善法人治理结构、规范企业行为、协调解决历史遗留问题等措施，促进改制企业健康稳定发展。

加快实施农业结构调整和品牌战略。按照高效、生态、节水、观光模式推进农业产业化和现代化进程，稳步提高现代农业比重。

（二）强化油气资源深度开发，提升油气化工产业核心竞争力

依托克拉玛依及周边地区油、气、煤、盐等特色优势资源，利用克拉玛依已有的工业基础，以高新技术为先导，在石油石化产业规模、技术创新、产品特色和竞争实力等方面取得重大突破。

充分利用克拉玛依在资源、人才、技术和产品方面的比较优势，结合市场需求和产业发展趋势，重点规划发展石油化工、天然气化工、精细化工等综合油气化工产业，力争在核心技术、重点产品、重大项目和关键市场取得重大进展。

积极拓展煤化工、盐化工产业发展空间，努力构建聚集程度高、专业分工配套、核心竞争力和创新能力强的产业集群，走克拉玛依特色的新型工业化道路。

（三）壮大金融、信息、物流、商贸等现代新型服务业

积极探索成立多层次的金融产业体系。大力发展以昆仑银行为主体的金融产业，为石油石化产业提供金融支撑；建立可持续发展基金，为克拉玛依市可持续发展提供金融支撑；扶持自主创新和自主创业以及接续产业的风险资本投资金融体系；建立完善为社会民众提供民间信贷的小额信贷金融体系。

大力发展以数字油田和数字城市为主体的信息产业，稳步提升工业和城市的信息化水平，成为引领现代服务业发展的先导产业。吸引国内外信息技术人才聚集克拉玛依，提高国际知名度，带动信息产业加快发展。

整合发挥区域中心城市优势，依托公路、铁路、航空和管道运输“四位一体”的立体交通体系，构建克拉玛依经济圈，规划建设铁路场站、航空港物流园区。积极发展以经营石油石化物流为主的第三方物流，满足石油石化产业加快发展、各类企业和投资者日益增长的物流需求。发挥“北疆物流集散中心”的功能优势，加快发

展现代大型商贸集散、物流配送、连锁经营等新型服务业，结合铁路、机场等交通运输设施，发展仓储业，建设现代化物流集散平台。以克拉玛依新机场、北疆铁路专线、西气东输二线等重大项目为牵引，依托得天独厚的中亚能源大通道第一站和新疆“向西开放”门户的地缘优势，引领构建中亚能源合作和经贸交流平台与机制，建设“立足北疆、服务全疆、面向全国、辐射中亚、走向世界”的区域交流合作机制和平台。

（四）大力发展现代旅游业

大力发展现代旅游业，在近期使旅游业真正成为第三产业中的支柱产业和地方经济社会发展的重点产业，中远期将旅游业培育提升成为克拉玛依市经济社会经济发展的新型支柱产业，全力打造“北疆旅游新高地”。

大力挖掘具有西部边疆、荒漠景观、石油文化、农业生态和民族风情特色的旅游资源，加强区域整合与联动，以构筑环准噶尔盆地黄金旅游线为重点，倾力打造“北疆旅游集散中心”；以乌尔禾魔鬼城旅游区开发为龙头，提升城市品质；启动黑油山、百里油区等石油工业旅游景区开发，完善石油工业旅游产品，培育石西沙漠油田、石油地质奇观等新的自然观光、科普考察和运动体验旅游线路；以克拉玛依中心城区为依托，形成以都市消费、运动休闲、民俗观光和生态农业旅游为一体的综合旅游区域；以 G217 国道为交通动脉，加快特色旅游景点和基础设施建设。

以旅游业为先导，完善城市旅游功能，带动酒店、餐饮、娱乐、商业、运输等传统服务业发展，提升旅游业整体服务质量。加强旅游营销和城市宣传，提升城市知名度、美誉度、品牌形象和人文价值。

（五）优化产业布局，推动三大特色产业园区发展

坚持“结构优化、效能优先、生态循环和布局合理”的原则，提高产业依存度，培育产业集群和新经济增长极，提升产业和城市

竞争力。

举全市之力加快建设国家级克拉玛依石油化学工业园区。积极争取国家、自治区及中央企业在产业政策、项目规划、资源配置等方面的政策倾斜，推进石化下游产业加快发展。切实发挥石油石化工业园区产业聚集和招商引资的平台作用，努力吸引大企业、大项目向园区聚集，并将其建设成为“疆内最强，引领西部，全国一流，联结中亚”、具有很强竞争优势的国家级石油化学工业基地、产业集群和新疆经济增长引擎。

坚持“集约生态、经济高效、差异特色”的原则稳步推进农业综合开发园区建设，探索边疆脆弱生态条件下经济效益、社会效益和环境效益相协调的农业可持续综合开发新模式。

争取国家政策支持，建立国家级资源型城市可持续发展试验区。克拉玛依市是我国少数几个民族边疆地区的资源型城市之一，它的可持续发展需要得到国家政策的支持。该试验区产业选择应该服从国家和新疆自治区发展战略要求，符合国家产业发展导向，符合中石油建设“综合性国际能源公司”战略目标，符合克拉玛依建设“世界石油城市”战略定位。要以现代服务业为方向，以金融、信息、旅游等低碳产业为主体，形成新兴产业和战略接续产业聚集地。优先安排国债资金进行基础设施建设，制定优惠政策，引导社会资金投入。

（六）转变经济发展方式，积极发展低碳经济和新能源经济

加快风、光等可再生优势资源的开发利用，发展具有观光示范性质的中小规模的风电和太阳能系统，充分利用风能和太阳能，打造“风光”产业示范基地和科普教育基地。

加快天然气、煤层气、油砂、油页岩、页岩气等新型替代能源开发步伐。淘汰高耗能、高污染和低效能的落后技术、设备和产能，提高环境评价标准，大力推广成熟先进可靠的节能减排、环保和低碳技术，在油气化工主导产业大力推行清洁生产发展机制。

发展节水产业，采取多种措施节约水资源，加强工业和生活污

水废水治理力度，提高水资源回用、再利用和重复利用水平。

结合荒漠生态环境治理，深入实施造林减排固碳项目和生态公益林项目，探索脆弱生态地区环境效益、社会效益和经济效益协调的低碳经济发展模式。

二、推进“两型社会”建设，增强社会环境可持续发展能力

（一）发展循环经济，建设绿色社会

提高新型工业化、城镇化和资源型城市转型过程中水、矿产、能源、土地等资源的综合利用效率和效益，保护耕地资源。

通过大力延长产业链、推动发展产业集群、加快产业技术创新，带动循环经济快速发展。按照减量化、资源化、再利用原则，大力开展生产、生活废物的重复和再生利用，构建循环经济体系。完善落实鼓励循环经济发展的政策法规体系；逐步建立适应循环经济发展的技术服务体系、评价指标体系、统计核算制度和激励约束机制。把石油石化工业园区打造成为循环经济园区。鼓励企业采取循环经济和低碳化发展模式，创新技术、降低成本，逐步实现能源、水资源的重复和梯级利用及各种副产品、废弃物的连续循环使用，在生产的全过程中降低资源、能源的消耗和污染物的产生，实现物流、能流、技术集成、信息流和基础设施的集聚与共享，最大限度地降低生产消耗和成本。

大力实施绿色发展战略，推行绿色生产、生活和消费方式，构建绿色社会体系，这是建设生态文明、实现科学发展的必然选择。首先，实行绿色投资计划。进一步调整《克拉玛依产业发展指导目录》，研究制定差别化的产业准入标准，建立绿色项目库，对绿色项目实行优先贷款，并给予相应支持，对非绿色项目严格禁止。其次，构建绿色产业体系。大力推进节能减排，积极发展绿色农业、绿色油田、绿色交通和绿色建筑，加快建设绿色园区、绿色社区和绿色城镇，建立具有石油城市和克拉玛依地域特色的绿色产业体

系。第三，倡导绿色消费方式。树立绿色消费的科学理念，推行理性、适度、文明、可持续的绿色消费模式，建立绿色消费的激励机制，引导形成绿色消费的社会氛围。大力开展创建节约型城市、节约型政府、节约型企业、节约型社区、节约型家庭活动，在全社会树立节约意识，建设节约文化，倡导节约文明。第四，建立绿色社会考核指标体系。按照科学发展观的要求，将“绿色”指标纳入干部考核体系之中。

（二）加强生态环境保护工程建设

围绕克拉玛依石化工业园区、独山子石化工业园区和农业开发园区这三大园区建设，从确保城市生态安全、能源安全、国防安全和政治安全等战略高度出发，将环境污染降低到最低限度，力求实现“低排放，零污染”的环境保护目标，确保全市生态环境质量进一步改善，油气等自然资源得到有效保护和合理开发利用。实现建设国家环境保护模范城市、国家生态园林城市、国家人居城市、新疆生态环境质量最好城市四大战略目标，将克拉玛依建成为资源节约型、精明增长型、循环经济型、生态型、园林型和环境友好型城市。

从国家及准噶尔盆地生态安全战略格局出发，到 2020 年，基本建成克拉玛依市四大城区和农业开发区环城防护林体系，使全市四个城区基本形成绿带环城的生态格局；克拉玛依市准噶尔盆地西北缘荒漠化和沙漠化现象得到有效控制，白杨河流域和玛河古道生态退化趋势得到有效的遏制，原生荒漠植被得到有效保护，生态治理和恢复呈现良性发展；四个城区全部建成生态园林城区，克拉玛依区建成生态精品城区，克拉玛依市力争建成国家生态城市，城市居民生态环境质量得到明显改善。

（三）减少经济发展的环境代价

在新型工业化、新型城镇化和资源型城市转型发展过程中，全面按照国家或国际通用标准对现有能源企业和重点污染企业进行环保技术改造，整顿关停严重污染低效发展的落后企业，制定行业准入标准，将企业污染源治理达标建设作为企业准入的基本条件。通过规划和政策引导产业集群的空间聚集，实现污染治理的规模效益。

鼓励发展新型生态产业和环保产业，构建具有比较优势和地方特色的资源生态产业体系，以及服务于污染密集型产业的环保产业体系。其中，第一产业重点为生态建设和环境保护服务，突出发展的生态环境效益，兼顾经济效益，建成为油田服务的绿色无公害农副产品生产加工基地和为克拉玛依市及周边地区服务的生态农业观光基地；第二产业重点发展以石油开采和石油化工为主导的生态工业和环境友好型工业，建成国家生态石化基地以及以新能源利用为特征的新型产业创新基地；第三产业重点发展为油气产业服务的金融、信息、现代物流业和为生态建设服务的生态旅游业，建成北疆乌鲁木齐到喀纳斯的生态旅游中间站。

加大环境污染治理投入，按照生产生活需要和环境承载力的要求，全面建设城区、工矿企业、农村社区的污染物监测、收集、治理（处理）标准化设施体系，实现各类污染物长期稳定达标排放。设立专项资金，长期动态监测和跟踪环境治理状况。大力开展城市环境综合治理，重点整治水污染和大气污染，提升人居环境质量。

三、加快建设“世界石油城市”，增强城市可持续发展能力

（一）推出打造“世界石油城市”品牌战略

通过邀请国内外专家调研，制定克拉玛依市建设世界石油城市发展规划，明确克拉玛依建设世界石油城市发展战略、主要目标、发展任务、发展路径和发展模式等。

通过召开世界石油城市研讨会启动世界石油城市的建设工作，定期召开世界石油城市联席会，树立克拉玛依世界石油城市形象。

发起成立世界石油城市发展论坛（Development Forum of World

Petroleum Cities）。该组织的宗旨是建立石油城市在经济，贸易、技术和文化等方面合作交流的平台，提升石油城市经济发展的稳定性和可持续性，促进石油城市的共同发展。该组织还要与国内外知名学者建立联系，创办世界石油城市发展研究院，定期向成员单位发布研究报告。

（二）提升克拉玛依信息化水平

信息作为城市的基础设施，是克拉玛依建设世界石油城市的基础。

以数字城市和数字油田为基础，完善克拉玛依数字城市管理的水平和克拉玛依产业信息化水平。数字城市管理要覆盖克拉玛依市域，打造城市精细化管理模式。数字油田建设向纵深发展，全面提升油田信息化建设的水平。

通过构造信息高速公路，完善克拉玛依和世界其他石油城市的联系，为克拉玛依打造世界石油城市建立一个纽带。

（三）打造支撑“世界石油城市”的五大基地

一是依托新疆油田公司建设油气生产基地。到 2011 年原油产量稳定在 1 000 万 t 以上、天然气产能规模增长到 50 亿 m^3 以上，现代化大油气田格局基本形成。2012—2015 年，每年原油产量净增 100 万 t，天然气产量净增 10 亿 m^3。到 2015 年，油气产能规模分别达到 1 600 万 t 以上和 100 亿 m^3，实现由大油田向大油气田的历史性跨越，全面建成绿色、数字和人文特征鲜明，充满生机与活力的现代化大油气田。

二是依托新疆油田公司、西部钻探公司、CPE 新疆设计院、CPE 新疆油建公司、地方油气服务企业建设油气技术服务基地。以西部钻探公司为核心打造工程技术基地；以 CPE 新疆设计院、新疆油建公司为核心打造工程建设基地；以新疆油田公司为核心打造生产服务基地；依托新疆油田机械制造总公司等打造机械制造基地。同时，大力扶持地方企业发展油气技术服务高端业务，加大在原料供应、高端技术转让、市场开放等方面支持地方企业发展的力度，借助中央企业品牌优势，通过劳务输出、设备租赁等方式，帮助他们“走出去”开拓市场，提高竞争力；抓住国家支持新疆加快发展的政策机遇，加快地方企业上市进程，与中央企业一道，共同建设油气技术服务基地。

三是依托独山子石化公司、克拉玛依石化公司、克拉玛依石化工业园区建设炼油化工基地。独山子石化公司要打牢炼化稳定运行基础，抓好配套工程建设，全面加强基础工作，适时启动老区炼油升级改造，持续推进国际一流现代化石化基地建设。克拉玛依石化公司要按照“稠油加工要与油田稠油上产同步规划、同步实施”的要求，完善稠油集中加工及配套工程，发挥稠油资源特色优势，提升产品质量，增强产品竞争力；积极争取增加 400 万 t/a 稀油加工能力，原油总加工能力实现 1 000 万 t。克拉玛依石化工业园区要在自治区石化产业发展总体规划指导下，充分利用克拉玛依油田和中亚地区丰富的油气资源，依托雄厚的炼油化工基础，发挥本地人才、技术优势，把园区建设成为功能布局合理、基础设施完善、聚集效应突出、产业特征明显、辐射带动力强、投资环境一流的现代化石化工业园区。

四是依托独山子石化公司、新疆油田公司、中哈石油管道工程建设国家石油战略储备基地。克拉玛依是我国重要的油气生产区，土地资源丰富，环境容量大，是中哈原油管道的必经之地，处在我国西北能源战略通道的关节点上，具有得天独厚的石油战略储备条件。要利用克拉玛依独特的区位以及交通优势，积极争取更多的国家石油战略储备库落户克拉玛依，将克拉玛依建设成为中国最大的国家石油战略储备基地之一。

五是依托克拉玛依技师学院和克拉玛依职业技术学院，借助中国石油大学（北京）智力支持，联合办学，建设技术工人培训基地。实施“两院合一”，进一步加强学院建设规模，大力加强学院基础设施建设，充实师资力量，着力培养一批实践教学能力强、业务水平高的教学队伍。同时，积极与国际著名的培训机构合作，形成一流的技术工人培训能力。力争用 3～5 年时间，把克拉玛依技师培训学院打造成中国西部最大、综合实力最强、面向全国以及中亚地区的技术工人培训基地。

（四）构筑支撑“世界石油城市”的现代产业结构

以建设世界石油城市为奋斗目标，重新梳理现有产业，构筑与“世界石油城市”相匹配的现代产业结构。

要稳步发展油气开采业，大力发展石油炼制和石油化工产业，突破性发展油气服务业。以金融、信息、旅游为重点，打造现代服务业产业体系。

要重视城市品牌和形象建设，搞好与“世界石油城市”相匹配的科技、人才、管理、文化、信息等战略储备。

四、统筹开放合作，增强经济社会协调发展能力

（一）提升对外开放水平

实施全方位、宽领域、纵深化对外开放，使资源型城市经济转型在开放中求生存、谋发展，在竞争中增实力、上水平。放宽域外投资领域，降低准入标准，强化投资软环境建设。要大胆研究制定吸引人才、资金、科技以及重大项目的优惠政策，支持和加强会计、法律、咨询、评估等中介服务体系建设，建设良好的投资区域，形成各种生产要素竞相流入的“洼地”。鼓励和支持有条件的各种所有制企业对外投资，通过合资、合作、控股参股、收购兼并、技术转让等各种形式“走出去”投资办厂，开展跨域或跨国生产和经营。鼓励地方企业紧跟中石油，走向国际化经营。

进一步完善优惠政策，创造优惠宽松的一流的政策环境，创造一个亲商、富商、安商的良好氛围，提高利用内资外资的质量和水平，争取一批知名度大、科技含量高、带动力强的外资大项目落户克拉玛依。鼓励和支持有条件的企业“走出去”，到境外投资，促进内外资本融合、内外管理合作、内外技术交流、内外市场衔接，

提高开放条件下的自主发展能力。

充分利用中石油西部大发展战略、中亚能源合作和陆上能源大通道建设契机，提升克拉玛依城市知名度和品牌价值，构建北疆地区大石油石化产业集群，提升核心竞争力。用好用足新疆“向西开放”战略，大胆进行体制机制创新，深化北疆地区和中亚区域合作，打造中国—中亚能源合作文化交流平台。

（二）加强区域合作

紧紧围绕北疆区域中心城市建设目标，壮大克拉玛依中心城区的经济、科技和人文实力，扩张城市人口规模和城市用地规模，加强克拉玛依与乌苏和奎屯的区域分工和合作，增强克拉玛依对北疆西部的辐射力和带动力，形成现代化的区域性中心城市格局，在教育、科技、信息、人才、产业聚集、交通、金融服务等方面形成高地，使之成为新疆西北部的经济增长极，使克拉玛依成为新疆天山北坡的区域性中心城市并构筑大克拉玛依发展格局。

积极与乌鲁木齐城市群展开区域合作，并与之形成联动效应，为首府经济发展提供战略支撑；加快融入北疆铁路沿线城市群、天山北坡经济带，联结南疆经济发展轴，引领地区经济发展；与周边城市和边贸口岸开展全方位互利合作，创建地区经济文化交流与环境保护合作平台，提升北疆地区影响力。

（三）统筹油气资源综合开发利用

长期以来，中央驻地企业对克拉玛依经济社会发展做出了巨大贡献，克拉玛依对中央驻地企业的发展也给予了最大的支持。面对资源型城市转型和可持续发展的巨大挑战，应当进一步拓展“地企”合作发展领域。

继续坚持油气资源国家所有、国家垄断经营为主导的基本原则，在不影响国家统一的能源政策和战略规划的基础上，为增强资源城市的可持续发展能力和“服务央企”的配套服务能力，可以考虑适当增加资源所在地就地综合开发利用油气资源的配额，解决地方石化配套产业发展的原料瓶颈。继续坚持“为油服务”的基本宗旨，在产业规划和重点石化产品选择上应坚持“差异特色，核心优势”的产业发展原则，与中央驻地企业形成错位发展和竞争双赢的市场格局，构建具有核心竞争优势的国家级石油化工产业基地和产业集群。

（四）合理分配油气资源开发利益

目前克拉玛依分享油气资源开发利益的途径主要有三条，即资源税费返还、生态补偿资金返还和服务中央驻地企业配套收入。要完善油气资源税收体制，在国家已经给予新疆从价征收政策的基础上，探索实行有差别的资源税税率，以增强税收调控和资源保护力度。在适当时机和可以承受的范围内适当提高税率。完善资源开采利用对生态环境破坏的生态补偿机制，提高生态补偿力度，促进资源合理高效利用和资源所在地的可持续发展。适时调整中央与地方油气资源收益分成比例，适当提高地方收益比例。在坚持油气资源税费和生态补偿金全疆统筹返还基础上适当向资源所在地倾斜。

（五）推进土地资源优化配置

克拉玛依现有土地资源可以分为油田用地、地方用地两大类，油田用地、地方建设和农业用地盘根错节，相互交叉。现有土地利用格局不利于保障中央油气资源开发用地，也不利于地方统筹安排市政设施、工业项目、产业园区和农业开发等用地需求。优先保障中央油气资源开发用地和驻地企业未来发展用地，适当调整现有土地利用格局。对于闲置的确无开发价值的油田用地可以采用划拨、置换、合资、入股、补偿等方式划转地方或进行地企共同开发，高效合理利用闲置土地。结合克拉玛依实际和发展需要，科学确定建设用地的规模、结构和区位，以及农业用地和耕地保护范围。在确保耕地红线不动摇的基础上，完善农用地用途变更审批制度，采取多种方式推进土地规模、集约和高效利用。

（六）构建全方位的“地企”合作发展新机制

以中石油重组改革为契机，将企业的非核心业务和社会功能剥离交由地方经营管理，着力增强中央驻地企业的核心竞争力，不断增强企业社会责任。继续坚持“为油服务”的基本宗旨，全面增强服务中央驻地企业的行政管理能力、社会服务能力和产业协作能力，在“服务央企”和协作过程中增强自我发展能力。

充分发挥中央驻地企业对克拉玛依石油石化产业和地方经济发展的龙头带动作用，依托丰富的油气资源、区位优势、产业基础优势和专业人才优势，坚持走科技含量高、经济效益好、资源消耗低、环境污染少、人力资源优势得到充分发挥的新型工业化道路。以高新技术为先导，“做大做强做精做深”石油石化产业，大力发展石油化工特别是精细化工，带动地方工业的发展，共同谋求石油石化产业地区效益最大化。

进一步发挥克拉玛依特有的体制优势，构建“同等优先支持”的战略伙伴关系，深化全方位的互利、共赢合作。把握新时期整体协调发展的有利时机，按照新的城市总体规划、城市近期建设规划和石油石化企业区域发展规划，调动各方积极性，共谋发展，共担责任，共建环境，共同实施城市基础设施工程和城市会展、博览、科技、文化、新闻出版、广播电视、卫生、体育场馆、老年福利设施、青少年活动中心等公益设施建设项目；构建地企共享的医疗、卫生、住房、就业和教育等社会保障体系。

第四节　经济社会可持续发展战略路线图

一、克拉玛依可持续发展阶段的划分

根据资源型城市转型发展的一般规律，可以将克拉玛依的可持续发展路径划分为以下三个阶段（图 5-4）。

第一个阶段是资源强依赖阶段。在这个阶段，克拉玛依的生死存亡取决于油气资源的勘探、开采、炼制和石油化工产业发展，特别是上游勘探和开采，决定了整个克拉玛依的经济发展状况和就业形势。可以说，这个阶段克拉玛依的可持续发展能力最弱。

第二个阶段是资源弱依赖阶段。在这个阶段，克拉玛依的资源保障程度大大提高。由于油气资源可以通过管道运输，克拉玛依的油气资源炼制和石油化工产业发展可以突破本地资源条件限制，这就大大提高了克拉玛依的可持续发展能力。加之，资源来源的多样化，使克拉玛依的产业选择范围更加广阔，产业结构单一的弊端有可能克服，产业多元化发展的条件基本成熟。可以说，这个阶段克拉玛依的可持续发展能力明显增强。

第三个阶段是创新依赖阶段。在这个阶段，制约克拉玛依可持续发展能力的因素已经不再是资源，而是创新。产业结构的高度化使创新成为经济社会发展的最重要动力。这里所说的创新包括体制机制创新、科技创新、管理创新、品牌创新等。可以说，这个阶段克拉玛依的可持续发展能力将达到空前的高度。

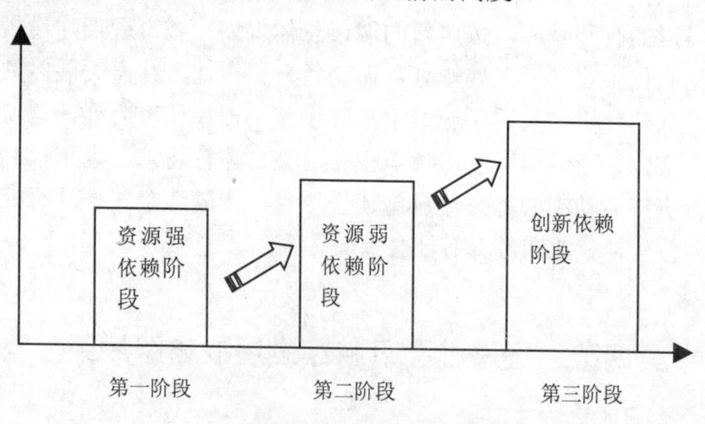

图 5-4　克拉玛依市可持续发展路径示意图

二、近期克拉玛依可持续发展路线图

期限：2011—2015 年。

主导产业：以油气资源开采、炼制和加工为一体的石油化工产业集群。

战略新兴产业：石油金融、信息、旅游、物流、文化创意、商贸。

关键制约因素：土地、原材料、油气资源开发利益分配机制。

政策需求：① 提高资源供给保障能力；② 理顺油气资源开发利益分配机制；③ 争取列入国家资源型城市可持续发展试点城市。

重点项目建议：① 争取提高国家石油战略储备基地建设规模；② 加大石油地质勘探力度，提高储采比；③ 争取设立资源型城市可持续发展试验园区，安排战略新兴产业入驻；④ 塑造城市品牌形象工程：依托建设世界能源博物馆和举办世界石油城市发展论坛等活动，打造一流管理、一流服务、一流教育、一流医疗、一流文化工程。

三、中期克拉玛依可持续发展路线图

期限：2016—2030 年。

主导产业：① 石油化工产业集群；② 盐化工产业集群；③ 煤化工产业集群；④ 石油装备制造业产业集群；⑤ 石油金融服务业；⑥ 旅游业。

战略新兴产业：新能源、新材料、文化创意。

关键制约因素：水资源、生态环境、科技。

政策需求：① 进一步提高水资源供给保障能力；② 在天山北坡经济带中的战略地位和作用得到确认。

重点项目建议：① 扩大引水规模工程；② 生态环境建设工程；③ 招才引智工程（包括创办大学，建立世界石油城市研究院等）。

四、远期克拉玛依可持续发展路线图

期限：2031—2050 年。

主导产业：① 石油技术服务业；② 石油金融服务业；③ 文化创意产业；④ 旅游业。

战略新兴产业：新能源、新材料。

关键制约因素：生态环境、创新创业环境、科技。

政策需求：① 进一步提高社会保障水平和公共福利水平；② 进一步加强经济技术和文化的国际交流与合作。

重点项目建议：待论证。

第五节　促进经济社会可持续发展的保障措施

一、强化“十二五”规划和可持续发展战略规划的衔接机制

（一）科学编制“十二五”规划和可持续发展战略规划

编制“十二五”规划和中长期可持续发展规划，要以科学发展观为指导，体现人与自然协调的理念，体现城乡统筹发展的理念，体现经济与社会协调发展的理念，体现区域协调发展的理念，体现市内外协调发展的理念，体现国家对新疆和克拉玛依的战略定位和发展要求，体现新疆自治区的发展思路，体现中石油建设“综合性国际能源公司”的战略目标和克拉玛依市建设“世界石油城市”的战略定位，体现新疆和克拉玛依的特色。

编制“十二五”规划和中长期可持续发展规划，要加强组织领导，严格编制程序，广泛宣传动员，倡导社会参与，协调相关规划，强化科学论证，细化规划方案，体现公众意志。

（二）强化“十二五”期间可持续发展战略规划的实施

要充分发挥和科学运用政府对经济社会发展和环境保护的宏观调控职能，加强公共政策和发展规划之间的协调配合，保障规划的有效实施和主要目标的顺利实现。综合运用计划、财政、金融、税收、土地、价格等经济手段、法律手段和必要的行政手段加强和改善宏观调控。要搞好年度计划与“十二五”规划和中长期可持续发展规划的衔接，把可持续发展规划提出的目标任务分解到“十二五”规划期间每一个年度计划中，保持规划实施的连续性。

（三）加强对可持续发展战略规划实施的动态监督

按照资源型城市的可持续发展工作由省级人民政府负总责的要求，请新疆自治区政府明确具体的工作部门，对克拉玛依市可持续发展工作进行宏观调控和具体指导，组织力量对克拉玛依市经济社会发展状况、存在的问题及发展途径进行调查和研究论证，制定切实可行的政策，加强宏观调控和具体指导，帮助克拉玛依市实现可持续发展。

健全规划监督评估机制，规划经市人大批准后，发展改革委和有关部门要加强对可持续发展战略规划实施情况的跟踪分析，自觉接受市人大和上级部门对可持续发展战略规划实施情况的监督检查。组织对战略规划实施情况进行定期评估，经过评估需要对可持续发展战略规划修订时报市人大常委会批准。

二、提升经济可持续发展能力

（一）围绕油气产业延伸，超前谋划战略接续产业

围绕油气产业延伸，发展战略接续产业，走新型工业化道路，增强区域综合竞争能力，科学技术具有重要支撑作用。要把这条主线贯穿到发展战略接续产业中的各个环节。要注重依靠科技进步提高劳动者素质，改善经济增长质量和效益。要扶持开发一批高新技

术产品、推广一批高新技术成果、培养一批高新技术复合型人才、做大一批高新技术企业。要加强与国内外科研院校的交流与合作，加快具有配套先进管理机制和科学研究体系的科技成果转化基地建设。要用高新技术和先进适用技术改造传统产业，促进结构优化和产业升级，逐步发展稳定的支柱性产业。努力提高工业化、产业化、城镇化水平，使发展城市经济与发展区域经济紧密结合，协调发展。

根据可持续发展战略规划确立的发展目标和任务，提前做好土地储备和项目储备工作。要充实土地储备基金，完善项目库设计，提前进行项目可行性研究与论证、初步规划设计、项目选址和土地储备工作，尽量缩短项目落地周期，尽快形成生产能力。

（二）扶持战略新兴产业

克拉玛依要利用油气化工产业大发展的关键时期大力发展战略新兴产业，逐步形成新的城市经济增长点，逐步形成合理的多元化产业结构体系，最大限度地发挥产业间互补互利、分散风险的整合效应，推动油气资源优势向经济优势转化，全力促进克拉玛依由石油资源为主的资源型城市向多元经济科学发展的现代化城市迈进。

依托油气产业，科学规划和大力发展先进油气装备制造业和油气高新技术服务业，加快核心竞争能力建设。充分利用克拉玛依丰富的土地、光热和跨区调水的优势，按照生态、环保、节能、高效的原则发展高效生态农业。深入挖掘克拉玛依具有旅游价值的边疆地区特色、石油文化内涵和干旱区荒漠景观特色，精细开发魔鬼城、石油城、荒漠自然保护区和边疆民族文化风情园等主导旅游产品，丰富提升都市游、农业观光游、科技游和工业旅游，建设具有新疆特色和文化底蕴的旅游区。加快“风光”产业、新能源和生态环保产业发展，高效开发利用现有土地资源和水资源，保护准噶尔盆地西北缘荒漠生态环境，实现可持续发展。

紧紧抓住中亚能源合作和能源大通道建设、新疆“向西开放”战略和加快北疆地区经济发展的黄金机遇，加快发展现代服务业，大力建设区域性物流中心、新疆“向西开放”示范区和中亚区域合作交流机制。

三、提升社会可持续发展能力

（一）率先建成全方位、广覆盖的社会保障体系

建立与地方经济发展水平相适应的社会保障体系，在完善基本养老保险、医疗保险、失业保险、工伤保险及生育保险的基础上，加快形成独立于企事业单位之外，资金来源多元化、保障制度规范化、管理服务社会化的社会保障体系。

积极扩大就业，建立失业预警机制，救助就业困难家庭和群众；完善城市经济适用房和廉租房保障制度，改善住房困难群众住房条件；加快城乡医疗保障体制改革建设，加大城乡困难家庭和群众医疗救助力度；加快实施教育保障制度建设，率先在全疆实现十二年免费教育，切实提高人口科学文化素质；完善困难家庭和群体救济救助体系，切实保障最低收入群体的生活需要。

（二）以产业多元化为目标，推进科技人才战略实施

围绕产业升级和战略新兴产业发展规划，科学确定需要突破的科技领域和关键技术，整合各种资源，提高科技投入，强化科技合作和联合攻关，为产业多元化发展提供科技支撑。

实行招才引智战略，科学确定人才需求名录。面向海内外公开招聘人才。创新人才使用方式，优化人才发展环境，提高人才待遇，大胆使用人才。用事业吸引人才，用事业留住人才，用事业培育人才。

建立世界石油城市发展研究院，专门收集世界石油城市发展信息，定期发布世界石油城市发展研究报告，供市委市政府决策参考。

（三）进一步加强人口、教育、卫生和文化工作

根据资源环境承载能力和就业岗位需求，适度扩大城市人口规模，优化人口结构，鼓励有一技之长的大学生来克拉玛依创业发展。

进一步加强人口与计划生育工作，巩固计划生育成果。

整合全市教育资源，优化教育资源布局，提高教育质量，办全国一流的教育。加强职业技术教育，提高劳动者职业技能。争取建立若干所大学，服务于产业升级和战略新兴产业的发展。

整合全市卫生资源，优化卫生资源布局，提高卫生质量，办全国一流的医院。加强社区卫生中心建设，进一步扩大医疗保险覆盖范围，提高医疗保险水平。

加强文化设施建设，开工建设世界能源博物馆。加强国际文化交流，定期举办世界石油城市发展论坛。

四、加强生态环境保护基础设施建设

改善生态环境、完善基础设施是克拉玛依市改善居民生活质量、优化投资环境、推动战略接续产业发展的基础性条件。要坚持统筹规划、突出重点、因地制宜、市场运作原则，做好油气开采区的生态环境保护与恢复治理工作。结合全市“三北”防护林、水土保持、防沙固沙、人畜饮水等工程项目计划，在计划制定、政策支持以及资金安排等方面向重点治理区倾斜。大力支持城市污水处理、垃圾处理、水源地保护等环境治理工程。要支持克拉玛依市经济转型和可持续发展必要的水利工程、交通道路、能源设施、信息设施和其他公用设施的改造和建设以及新能源开发和固体废弃物综合利用等项目建设。生态环境和基础设施建设要结合实际情况，创造各方面条件，实行多元化筹资、市场化运作，以新体制、新机制、新方式搞好新项目建设。

五、构建可持续发展的政策支持体系

（一）转变政府职能，建设服务型政府

在主要依靠市场机制推动克拉玛依市转型和产业发展的基础上，国家和自治区政府要加强宏观政策引导。一是结合政府职能转变，进一步下放管理权限；支持克拉玛依市行政部门加大改革力度，

全力推进体制、机制创新；精兵简政，降低管理成本；转变工作作风，建立服务型政府。二是在自治区权限范围内，给予克拉玛依市可持续发展特殊政策支持。在重大项目布局、财政转移支付、示范试点安排以及扶贫帮困等各个方面，向克拉玛依市经济转型重点倾斜。三是研究建立资源开发补偿机制和衰退产业援助机制，促进克拉玛依市经济转型和可持续发展。四是引导、鼓励有关部门，特别是大专院校、科研院所等积极参与，帮助克拉玛依市研究制定规划、提供技术指导以及咨询和培训，促进科技成果与生产实际的密切结合。五是定期组织和构筑多种形式平台，为经济转型内联外引创造机会，吸引国内外龙头企业在克拉玛依市“安家落户”，帮助促进克拉玛依市与国内发达市县间的区域经济合作。

（二）建立科学的政府绩效评估体系

结合地方经济社会实际，以科学发展观为指导构建科学的政府绩效评估体系。政府绩效评估价值是政府对其行为终极目标的价值判断和价值选择，是政府绩效评估体系的基础，必须坚持“以人为本”的价值观，坚持“立党为公，执政为民”的执政理念；政府公共行为必须以保障城乡居民民主权利、社会公正、公共利益和履行公共责任为根本出发点。

扩大公众参与的领域和途径，确立多元化的政府绩效评估主体，加大对政府公共行为的全方位监督力度，建设“阳光政府”。建立科学的反映经济社会可持续发展要求的政府绩效评估指标体系，尤其注重经济结构调整、强调人与自然环境协调发展、加强政府公共服务职能、以人为本的全面发展目的和体现地方特殊要求。改进政府绩效评估方法，实现政府绩效评估的科学化、制度化和规范化。

六、着力解决制约克拉玛依市可持续发展的深层次问题

建议国家及有关部委、自治区和中石油等部门研究解决制约克拉玛依市可持续发展过程中遇到的深层次问题。

首先，在继续支持中央驻地油气化工企业发展的基础上，逐步解决克拉玛依建设国家级大型石油化工基地所需的工业原材料问题。为充分发挥克拉玛依石化公司在稠油加工方面的优势，希望中石油集团公司和自治区支持克拉玛依石化公司，将原油加工规模与新疆油田公司稠油加快开采的规模相配套。同时，在配置新疆油田公司的石油、天然气、煤层气以及独山子、克拉玛依两大石化公司生产的化工基础原料资源时，在可能的情况下，将更多的能源资源留在新疆克拉玛依本地进行精深加工，以加快新疆油气化工下游产业发展。

其次，希望自治区协调支持克拉玛依发展综合化工产业。克拉玛依能源资源产业对于克拉玛依可持续发展和引领天山北坡经济加快发展具有十分重要的意义。建议自治区根据煤化工产业发展规划，充分考虑克拉玛依在发展化工产业方面的比较优势，协调支持克拉玛依发展煤化工。建议自治区争取国家支持，延伸天然气化工产业链，使资源优势转换为产业优势、经济优势；从土地、资金、财税等方面给予克拉玛依石油化学工业园区建设大力支持，政策先行先试，在试验中推广并引领自治区新型工业化建设进程。

第三，协调解决有关财税问题。希望自治区积极支持克拉玛依市向中央争取资源型城市转型有关扶持政策；希望自治区与中石油集团公司、财政部、国家税务总局协调，对中石油企业内部结算和销售实行最低限价制度或进行地区间财力转移支付，防止税收转移和流失。

第四，调整解决土地和水资源问题。建议自治区在进行新一轮土地利用规划修编时，对克拉玛依基本农田用地予以调整；对目前工业发展急需占用的基本农田，同意按照占补平衡的原则将其调整到农业开发区；并希望自治区争取国家支持适当降低克拉玛依工业用地基准地价。建议自治区能保持引水工程确定的分配给克拉玛依的 4 亿 m^3 水资源量，协调解决跨区域调水、上游水资源污染及治理等问题。

第五，探索建立克拉玛依市可持续发展基金。呼吁中央和自治区政府继续加大对克拉玛依市转型和可持续发展提供资金支持，加大财力性转移支付力度，增强其基本公共服务保障能力、弥补城市建设欠账、改善生态环境、缓解就业压力等方面的资金困难。提高资源补偿费给克拉玛依地方分成的比例。改革资源税制度，完善资源税计税依据，调整资源税负水平，加强资源税的征收管理，增加资源开采地的财政收入。建议对克拉玛依市域内资源开发类企业（包括石油、天然气、铁矿石、森林资源、非金属矿等）从价按一定比例征收可持续发展基金，纳入克拉玛依市财政专户，用于克拉玛依市域内资源开发地的生态修复、环境治理和相关的居民搬迁等。建立可持续发展基金制度，由资源型企业在税前按一定比例提取可持续发展基金，专门用于环境恢复与生态补偿、发展战略接续产业和战略新兴产业、解决企业历史遗留问题等。加大生态环保产业效益补偿力度，建立资金安全运行的管理机制，加强资金监管，确保生态效益补偿金按时足额到位；要建立生态效益补偿基金随经济发展而上浮的征缴机制，确保生态环保产业可持续发展，改善生态环境质量。

七、将克拉玛依建设“世界石油城市”上升为国家战略

克拉玛依地处我国“向西开放”的前沿地带和我国能源安全大通道的门户位置，是我国重要的石油城市，有建设“世界石油城市”的良好基础和条件。

克拉玛依建设“世界石油城市”，有助于我国国家能源安全战略的实施，有助于推进天山北坡经济带建设、实现新疆长期繁荣稳定，有助于自身实现可持续发展战略。将克拉玛依建设“世界石油城市”上升为国家战略意义重大。

克拉玛依建设“世界石油城市”面临着诸多的制约因素，需要国家和新疆自治区有关部门协调解决：

一是水资源的保障能力建设问题。引额济克工程完成后，克拉玛依的水资源保障能力有了很大程度的提高。但是，从发展的眼光

看，克拉玛依可持续发展面临水资源的严重制约问题依然存在，建议国家和自治区有关部门在条件成熟的情况下，继续支持向克拉玛依增加供水量，并确保供水水质。

二是土地资源的保障能力建设问题。克拉玛依地处戈壁荒漠地带，从资源的角度来说不应该存在土地制约问题。但是，由于历史原因，当前工业发展急需占用的土地很多被规划确定为基本农田（原来油田的副食基地）。建议国家高层会同国土资源部，允许克拉玛依将基本农田同质同量调整到生态农业园区，为克拉玛依油气资源精深加工开辟发展空间。

三是新型工业化所需的原料来源问题。克拉玛依是我国重要的石油化工基地，从资源的角度来说不应该存在原料制约的问题。但是，由于政策和计划制约，克拉玛依油气资源下游化工产业常常处于吃不饱饭的状态，严重制约了产业转型升级。建议国家高层会同中石油，将更多的石化原料留给克拉玛依就地加工，以支持克拉玛依石化下游产业发展。

四是多元产业发展需要的人才储备问题。克拉玛依的专业技术人才主要集中在中石油系统，多元产业发展需要的专业技术人才比较奇缺。从外部引进可以解决一时之需，但解决不了长期持续发展的需要。建议国家和自治区高层会同国家教育部和自治区教育厅，在克拉玛依创办若干所大学，专业涵盖地质勘探、石油化工、金融、保险、信息技术、旅游、新能源、新材料等。

五是在新疆自治区的战略地位问题。“七五”事件后，国家加大了对新疆的支援力度，新疆面临着重要的发展机遇。克拉玛依是新疆的第二大经济体，对自治区财政贡献很大，对维护新疆繁荣稳定发挥了十分重要的作用。建议国家和自治区有关部门，能够从更高的战略高度看待克拉玛依特殊的战略地位和作用，将其作为天山北坡经济带的重要增长极予以特殊扶持。

六是争取纳入国家资源型城市可持续发展试点问题。克拉玛依多年来一直在探索可持续发展道路问题。实践经验证明，没有国家和自治区政府的特殊政策扶持，克拉玛依很难走上可持续发展道路。建议国家高层会同国家发改委，将克拉玛依纳入资源型城市可持续发展试点，并出台特殊政策扶持克拉玛依可持续发展试验园区（战略接续产业发展空间）建设，支持克拉玛依资源型城市向综合型城市转型。